高等职业教育校企"双元"合作开发教材　　国家"双高计划"

企业财务会计
学习指导、习题与项目实训

新准则 新税率

主　编　谭玉林　梅建安
副主编　曾　越　余晖文

QIYE CAIWU KUAIJI
XUEXI ZHIDAO XITI YU
XIANGMU SHIXUN

新形态
教材

本书另配：参考答案
　　　　　微课视频

中国教育出版传媒集团
高等教育出版社·北京

内容提要

本书是主教材《企业财务会计》的配套习题册,是国家"双高计划"大数据与会计专业群建设成果。

本书与主教材在体例、内容与顺序上保持一致,便于学生在学习相关内容的同时,更好地理解与应用所学知识,掌握实际操作技能。本书共有十个项目:总论、货币资金业务核算、往来款项业务核算、财产物资业务核算、常见投资业务核算、常见融资业务核算、职工薪酬核算、收入与费用核算、利润及其分配核算、财务报告编制。

本书既可作为高等职业本科院校、高等职业专科院校财务会计类专业学生用书,又可作为社会相关人员培训用书。

图书在版编目(CIP)数据

企业财务会计学习指导、习题与项目实训／谭玉林,
梅建安主编. -- 北京:高等教育出版社,2025. 1.
ISBN 978-7-04-063471-6

Ⅰ. F275. 2

中国国家版本馆 CIP 数据核字第 2024BB2531 号

策划编辑 钱力颖	**责任编辑** 钱力颖	**封面设计** 张文豪	**责任印制** 高忠富

出版发行	高等教育出版社	网　　址	http://www.hep.edu.cn
社　　址	北京市西城区德外大街 4 号		http://www.hep.com.cn
邮政编码	100120	网上订购	http://www.hepmall.com.cn
印　　刷	上海盛通时代印刷有限公司		http://www.hepmall.com
开　　本	787mm×1092mm　1/16		http://www.hepmall.cn
印　　张	9		
字　　数	211 千字	版　　次	2025 年 1 月第 1 版
购书热线	010-58581118	印　　次	2025 年 1 月第 1 次印刷
咨询电话	400-810-0598	定　　价	22.00 元

本书如有缺页、倒页、脱页等质量问题,请到所购图书销售部门联系调换

前 言

本书是与谭玉林、梅建安主编的《企业财务会计》配套的学习指导、习题与项目实训。本书与主教材在体例、内容与顺序上保持一致,便于学生在学习相关内容的同时,更好地理解与应用所学知识,掌握实际操作技能。

本书具有以下特点:

1. 强调理论与实践相结合

本书注重将理论知识与实践操作相结合,帮助学生将所学的知识应用到实际问题中。每个项目包含"学习指导"和"技能测试"模块,有利于加深对所学知识的理解,培养解决实际问题的能力。

2. 突出实用性和职业性

本书注重培养学生的实际操作技能和职业素养。通过"实训操作"模块锻炼学生解决实际问题的能力,提高应对各种财务会计工作挑战的能力。

3. 注重系统强化和考证训练

本书的"学习指导"模块将各项目重点知识进行了梳理,有助于学生巩固强化所学知识。"技能测试"和"实训操作"包括单项选择题、多项选择题、判断题、计算分析题等题型,符合初级会计专业技术资格考试的要求,满足了学生考证的需要。

本书由江西财经职业学院谭玉林、梅建安担任主编,曾越、余晖文担任副主编。谭玉林负责拟定全书编写提纲,对全部初稿进行修订、补充和总纂,并负责对全书稿件进行审阅。参加本书编写的人员有谭玉林、梅建安、曾越、余晖文、刘懿德、万慧芬、黄玲、陈默。本书的编写得到了江西财经职业学院会计学院全体教师的支持、兄弟院校的帮助,以及江西尚卓企业咨询管理有限公司总经理、江西新晟启环保科技有限公司等企业的专业指导,在此一并表示感谢!

由于编者水平所限,书中不足之处在所难免,恳请读者不吝指正。

编 者

2025 年 1 月

目　录

QIYE CAIWU KUAIJI XUEXI ZHIDAO、
XITI YU XIANGMU SHIXUN

项目一　总　论

学习指导

一、财务会计的目标

表 1-1　财务会计的目标

服 务 对 象	提 供 的 信 息
国家	为国家提供宏观调控所需要的特殊信息
企业管理者	考评企业管理当局受托责任的履行情况
投资者与债权人等	帮助投资者和债权人作出合理的决策
企业经营管理者	为企业经营者提供经营管理所需要的各种信息

二、会计核算的基本前提

表 1-2　会计核算的基本前提

会计基本假设	含 义	备 注
会计主体	会计主体,也称为会计实体或会计个体,是指会计服务的特定单位。这个特定单位可以是一个企业,也可以是一个企业或一个单位的特定部分	区分会计主体与法律主体。会计主体不一定是法律主体,但法律主体一定是会计主体
持续经营	持续经营假设是指企业会计确认、计量和报告应当以持续经营为前提	是确定会计核算工作时间范围的前提条件
会计分期	会计分期是指以企业的资金运动过程可以分期核算为前提,而不需要等到过程终止;会计期间分为年度、半年度、季度和月度	由于会计分期,才产生了当期与以前期间、以后期间的差别,产生了折旧、摊销等会计处理方法

续　表

会计基本假设	含　义	备　注
货币计量	货币计量是指会计主体在财务会计确认、计量和报告时以货币计量，反映会计主体的财务状况、经营成果和现金流量	业务收支以外币为主的企业，可以选定某种外币作为记账本位币，但在编制财务会计报告时应折算为人民币

三、会计基础

表 1-3　会计基础

会计基础	含　义	备　注
权责发生制	权责发生制是指以取得款项的权利或支付款项的义务为标志来确定本期收入和费用的会计核算基础	企业会计和政府会计中的财务会计
收付实现制	收付实现制是指以现金的实际收支为标志来确定本期收入和支出的会计核算标准	政府会计中的预算会计，另有规定的除外

四、会计信息质量要求

表 1-4　会计信息质量要求

会计信息质量要求	含　义　理　解
可靠性	实际发生，如实反映，保证会计信息真实可靠、内容完整
相关性	与经济决策相关联
可理解性	清晰明了，便于理解和使用
可比性	包括纵向可比和横向可比
实质重于形式	经济实质大于法律形式，如售后回购、售后租回、融资租赁
重要性	重要性的应用需要依赖职业判断，企业应当根据其所处环境和实际情况，从项目的性质和金额大小两方面加以判断
谨慎性	不应高估资产或者收益，不应低估负债或者费用
及时性	不得提前或者延后

五、会计的计量属性

表 1-5　计量属性

计量属性	内　容　理　解
历史成本	实际成本,取得或制造某项财产物资时所实际支付的现金或其他等价物
重置成本	按照现行的市场条件,重新取得同样一项资产所需支付的现金或现金等价物,一般用于固定资产盘盈
可变现净值	在正常的生产经营中,以预计售价减去进一步加工成本销售所必需的预计税金、费用后的净值,一般用于存货的期末计价
现值	对未来现金流量以恰当的折旧率进行折现后的价值,是考虑货币时间价值因素等的一种计量属性,一般用于长期资产与长期负债的计量
公允价值	熟悉市场情况的买卖双方在公平交易的条件下和自愿的情况下所确定的价格,或无关联的双方在公平交易的条件下买卖一项资产或者清偿一项负债的价格

六、会计要素

表 1-6　会计要素

会计要素	含　义　理　解
资产	企业过去的交易或者事项形成的、由企业拥有或者控制的、预期会给企业带来经济利益的资源。按流动性分为流动资产与非流动资产
负债	企业由过去的交易或者事项形成的、预期会导致经济利益流出企业的现时义务。按流动性分类,可分为流动负债和非流动负债
所有者权益	企业资产扣除负债后由所有者享有的剩余权益
收入	企业在日常活动中形成的、会导致所有者权益增加的、与所有者投入资本无关的经济利益总流入。按其来源不同,收入可分为主营业务收入和其他业务收入
费用	企业日常活动中发生的、会导致所有者权益减少的、与向所有者分配利润无关的经济利益的总流出
利润	企业在一定会计期间的经营成果,利润包括收入减去费用后的净额、直接计入当期利润的利得和损失等

七、会计等式

表 1-7　会计等式

会计等式类型	会计等式内容
最初会计等式	资产=权益
基本会计等式	资产=负债+所有者权益、收入-费用=利润

续　表

会计等式类型	会计等式内容
综合会计等式	资产＝负债＋所有者权益＋利润
综合会计等式变形	资产＋费用＝负债＋所有者权益＋收入

✎ 技能测试

一、单项选择题

1. 下列信息质量特征中,要求会计信息必须是客观的和可验证的是(　　　)。

　　A. 可理解性　　　　B. 相关性　　　　C. 可靠性　　　　D. 可比性

2. 会计信息的内部使用者是(　　　)。

　　A. 股东　　　　　　B. 首席执行官　　C. 供应商　　　　D. 政府机关

3. 明确会计反映的特定对象,界定会计核算范围的基本假设是(　　　)。

　　A. 会计主体　　　　B. 持续经营　　　C. 会计分期　　　D. 货币计量

4. 导致权责发生制产生的前提是(　　　)。

　　A. 持续经营　　　　B. 历史成本　　　C. 会计分期　　　D. 货币计量

5. 下列各项中,体现谨慎性原则要求的是(　　　)。

　　A. 无形资产摊销　　　　　　　　　　B. 应收账款计提坏账准备

　　C. 存货采用历史成本计价　　　　　　D. 当期销售收入与费用配比

6. 财务会计确认、计量的基本原则中,要求前后各期提供相互可比的会计信息的原则是(　　　)。

　　A. 可比性　　　　　B. 明晰性　　　　C. 一贯性　　　　D. 及时性

7. 企业将融资租入固定资产视同自有固定资产核算,所体现的会计核算的一般原则是(　　　)。

　　A. 客观性　　　　　B. 一贯性　　　　C. 可比性　　　　D. 实质重于形式

8. 下列各项中,不属于企业收入要素范畴的是(　　　)。

　　A. 产品销售收入　　　　　　　　　　B. 提供劳务取得的收入

　　C. 出售包装物收入　　　　　　　　　D. 出售固定资产取得的收益

9. 存货成本与可变现净值孰低法计价,体现的会计信息质量是(　　　)。

　　A. 重要性　　　　　B. 谨慎性　　　　C. 可比性　　　　D. 客观性

10. 反映经营成果的会计要素是(　　　)。

　　A. 资产　　　　　　B. 费用　　　　　C. 所有者权益　　D. 负债

二、多项选择题

1. 下列业务事项中,会引起资产和负债同时变化的有(　　　　　)。

　　A. 以银行存款购买固定资产　　　　　B. 计提存货跌价准备

　　C. 收回应收账款　　　　　　　　　　D. 取得长期借款

2. 会计信息的外部使用者包括(　　　　　)。

A. 债权人　　　　　　B. 投资者　　　　　　C. 竞争者　　　　　　D. 金融企业

3. 会计的基本假设包括(　　　　　)。

　　A. 会计主体　　　　B. 持续经营　　　　C. 货币计量　　　　D. 会计分期

4. 反映经营成果的会计要素有(　　　　　)。

　　A. 收入　　　　　　B. 费用　　　　　　C. 所有者权益　　　D. 资产

5. 下列组织中,可以作为一个会计主体进行会计核算的有(　　　　　)。

　　A. 独资企业　　　　B. 企业生产车间　　C. 分公司　　　　　D. 企业集团

6. 下列各项中,属于流动资产的有(　　　　　)。

　　A. 存货　　　　　　　　　　　　　　　B. 交易性金融资产

　　C. 持有至到期投资　　　　　　　　　　D. 无形资产

7. 下列项目中,不应作为负债确认的有(　　　　　)。

　　A. 因购买货物而暂欠外单位的货款

　　B. 按照购货合同约定以赊购方式购进货物的货款

　　C. 计划向银行借款 100 万元

　　D. 因经济纠纷导致的法院尚未判决且金额无法合理估计的赔偿款

8. 可靠性要求会计信息(　　　　　)。

　　A. 内容完整　　　　　　　　　　　　　B. 真实可靠

　　C. 清晰明了　　　　　　　　　　　　　D. 采用一致会计政策

三、判断题

1. 如果某项资产不能再为企业带来经济利益,即使是由企业拥有或控制的也不能作为资产列示在企业的资产负债表中。　　　　　　　　　　　　　　　(　　)

2. 财务报告的目标侧重于规划未来,对企业的重大经营活动进行预测和决策,以及加强事中控制。　　　　　　　　　　　　　　　　　　　　　　　　　(　　)

3. 财务报告的目标就是财务会计系统要达到的目的和要求。　　　　　　　(　　)

4. 信息是否可靠取决于以下因素:真实性、可核性和中立性。　　　　　　(　　)

5. 会计核算的可比性要求之一是,同一会计主体在不同时期尽可能采用相同的会计程序和会计处理方法。　　　　　　　　　　　　　　　　　　　　　　(　　)

6. 谨慎性原则要求企业不仅要核算可能发生的收入,也要核算可能发生的费用和损失,以对未来的风险进行充分核算。　　　　　　　　　　　　　　　　　(　　)

7. 企业预期的经济业务所将发生的债务,应当作为负债处理。　　　　　　(　　)

8. 某一会计事项是否具有重要性,在很大程度上取决于会计人员的职业判断。对于同一会计事项,在某一企业具有重要性,在另一企业则不一定具有重要性。　(　　)

9. 法律主体必定是会计主体,会计主体也必定是法律主体。　　　　　　　(　　)

10. 配比原则是指企业一个会计期间内的各项营业收入和与其对应的成本、费用,应在同一个会计期间内入账,以正确确定各会计期间的损益。　　　　　　　(　　)

11. 收入不包括为第三方或客户代收的款项。　　　　　　　　　　　　　　(　　)

12. 利润是企业在日常活动中取得的经营成果,因此不应包括企业在偶发事件中产生的利得和损失。　　　　　　　　　　　　　　　　　　　　　　　　(　　)

四、简答题

1. 财务会计信息应具备哪些质量特征？

2. 财务报告目标具体包括哪些方面的内容？什么是财务会计，什么是会计确认，什么是财务报告目标，具体包括哪些方面的内容？

3. 会计的基本假设有哪些？

4. 反映财务状况、经营成果的会计要素有哪些？

项目二　货币资金业务核算

 学习指导

一、货币资金的概念及科目设置

表 2-1　货币资金的概念及科目设置

项　目	概　念	科目及核算内容
库存现金	企业存放在财会部门、由出纳人员经管的货币	设置"库存现金"总账和"库存现金日记账"。库存现金增加记入"库存现金"账户的借方,减少记入"库存现金"账户的贷方,并逐笔登记"库存现金日记账",每日终了结出余额,并与库存现金核对即"日清"
银行存款	企业存放在银行或其他金融机构的货币资金	设置"银行存款"总账,并按开户银行、存款种类等设置"银行存款日记账"。银行存款增加记入"银行存款"科目的借方,减少记入"银行存款"科目的贷方,并逐笔登记"银行存款日记账"
其他货币资金	企业除了库存现金、银行存款以外的其他各种货币资金	设置"其他货币资金"总账,并按其他货币资金的种类设置明细账。其他货币资金增加记入"其他货币资金"账户的借方,减少记入"其他货币资金"账户的贷方

二、货币资金的账务处理

表 2-2　货币资金的账务处理

业务内容		账　务　处　理	要　点
库存现金	现金清查	盘盈 ① 发现时: 借:库存现金 　　贷:待处理财产损溢 ② 经批准转销时: 借:待处理财产损溢 　　贷:营业外收入/其他应付款	① 企业应当按规定对库存现金进行定期和不定期清查。 ② "待处理财产损溢"账户是财产清查的过渡账户,年度终了应无余额。

续 表

业务内容		账 务 处 理	要 点
库存现金	现金清查	盘亏 ① 发现时: 借:待处理财产损溢 　　贷:库存现金 ② 经批准转销时: 借:管理费用/其他应收款 　　贷:待处理财产损溢	③ 无法查明原因的现金溢余最终记入"营业外收入"账户;无法查明原因的现金短缺记入"管理费用"账户
银行存款	核对	① 将"银行存款日记账"与"银行对账单"核对。 ② 两者如有差额,应查找"未达账项",编制"银行存款余额调节表"	① 银行存款至少每月核对一次。 ② "银行存款余额调节表"只是为了核对账目,不能作为调整企业银行存款账面记录的记账依据
其他货币资金	划入款	借:其他货币资金——×× 　　贷:银行存款	① 其他货币资金主要包括银行汇票存款、银行本票存款、信用卡存款、信用证保证金存款、外埠存款和存出投资款、支付宝存款、微信存款等。在会计实务中,随着新结算方式的出现,其他货币资金的内容将发生变化。 ② 使用其他货币资金付款结算时,除银行本票外,一般按实际结算金额结算
	用款	借:在途物资等 　　应交税费——应交增值税(进项税额) 　　贷:其他货币资金——××	
	划回余款	借:银行存款 　　贷:其他货币资金——××	

微课:其他货币资金

✐ 技能测试

一、单项选择题

1. 企业流动性最强的货币资产是( )。

　　A. 库存现金　　　　B. 银行存款　　　C. 银行汇票存款　　D. 其他货币资金

2. 根据《现金管理暂行条例》的规定,不能用现金支付的是( )。

　　A. 偿还前欠购货款15 000元　　　　B. 支付零星办公用品购置费800元

　　C. 支付购入农产品采购货款1 200元　　D. 支付职工差旅费1 000元

3. 李强出差报销差旅费1 500元,退回现金500元,应编制分录( )。

　　A. 借:库存现金2 000　　　　　　　B. 借:管理费用2 000

　　　　贷:其他应收款2 000　　　　　　　贷:其他应收款2 000

C. 借：其他应收款 2 000　　　　　　　　D. 借：管理费用 1 500
　　贷：库存现金 500　　　　　　　　　　　　库存现金 500
　　　　管理费用 1 500　　　　　　　　　　贷：其他应收款 2 000

4. 不设置"备用金"账户的企业，周转使用备用金应通过(　　)账户核算。

A. "库存现金"　　B. "其他应收款"　　C. "应收账款"　　D. "预付账款"

5. 某企业对生产车间所需备用金采用定额备用金制度。当基本生产车间报销日常管理支出而补足其备用金定额时，应借记的会计账户是(　　)。

A. "其他应收款"　　B. "其他应付款"　　C. "制造费用"　　D. "生产成本"

6. 企业现金清查多出 200 元，在批准前应通过(　　)账户核算。

A. "应付账款"　　　　　　　　　　　　B. "营业外收入"
C. "待处理财产损溢"　　　　　　　　　D. "其他应付款"

7. 经查明原因，转出由出纳员赔偿的现金短款 200 元，会计分录为(　　)。

A. 借：其他应收款 200　　　　　　　　B. 借：其他应收款 200
　　贷：库存现金 200　　　　　　　　　　贷：待处理财产损溢 200
C. 借：应收账款 200　　　　　　　　　D. 借：应收账款 200
　　贷：待处理财产损溢 200　　　　　　　贷：库存现金 200

8. 查出现金溢余，无法查明原因，经批准后，正确的处理方法是(　　)。

A. 将其从"待处理财产损溢"账户转入"管理费用"账户
B. 将其从"待处理财产损溢"账户转入"营业外收入"账户
C. 将其从"待处理财产损溢"账户转入"其他应付款"账户
D. 将其从"待处理财产损溢"账户转入"其他应收款"账户

9. 经检查仍无法查明原因的现金短款，经批准后应计入(　　)。

A. 财务费用　　B. 管理费用　　C. 销售费用　　D. 营业外支出

10. 企业银行账户中，办理日常转账结算和现金收付业务的是(　　)。

A. 基本存款账户　　B. 一般存款账户　　C. 临时存款账户　　D. 专用存款账户

11. 银行存款日记账由(　　)登记。

A. 会计负责人　　B. 会计人员　　C. 出纳人员　　D. 业务经办人员

12. 某企业收到 20 000 元的转账支票，系九江宏大公司归还前欠货款。应编制的会计分录是(　　)。

A. 借：银行存款 20 000　　　　　　　　B. 借：应付账款 20 000
　　贷：应付账款 20 000　　　　　　　　　贷：银行存款 20 000
C. 借：银行存款 20 000　　　　　　　　D. 借：应收账款 20 000
　　贷：应收账款 20 000　　　　　　　　　贷：银行存款 20 000

13. 对账时，银行存款日记账余额与银行对账单余额不相等是因为(　　)。

A. 肯定记账有错误　　　　　　　　　　B. 一定有未达账款
C. 可能记账有误，也可能存在未达账项　　D. 记账肯定无错误

14. 对于银行已经入账而企业尚未入账的未达账项，应(　　)。

A. 在编制"银行存款余额调节表"的同时入账
B. 待有关结算凭证到达时入账

C. 根据自制原始凭证入账

D. 根据"银行对账单"记录的金额入账

15. 支票用于(　　　　)。

A. 同城结算　　　　B. 异地结算　　　　C. 同城或异地结算　D. 国际结算

16. 根据《支付结算办法》的规定,银行汇票的提示付款期限为(　　　　)。

A. 自出票日起 10 日　　　　　　　　B. 自出票日起 1 个月

C. 自出票日起 2 个月　　　　　　　　D. 自出票日起 6 个月

17. 企业采用银行承兑汇票结算方法购进货物,签发的银行承兑汇票经开户银行承兑时,支付的承兑手续费应计入(　　　　)。

A. 管理费用　　　　B. 财务费用　　　　C. 营业外支出　　　D. 其他业务成本

18. 下列项目中,不属于货币资金的是(　　　　)。

A. 库存现金　　　　B. 银行存款　　　　C. 其他货币资金　　D. 应收账款

19. 企业将款汇往采购地银行,开立采购专户时,应借记的账户是(　　　　)。

A. "银行存款"　　B. "材料采购"　　C. "其他货币资金"　D. "其他应收"

20. 信用卡存款应在(　　　　)账户核算。

A. "其他应收款"　B. "银行存款"　　C. "其他货币资金"　D. "应收账款"

二、多项选择题

1. 按照《现金管理暂行条例》的规定,(　　　　　　　)属于现金收入的范围。

A. 职工交回差旅费剩余款　　　　　　B. 从银行提取现金

C. 将现金送存银行　　　　　　　　　D. 收取结算起点以下的小额销货款

2. 下列各项中,违反现金收入管理规定的有(　　　　　　)。

A. 坐支现金　　　　　　　　　　　　B. 收入的现金于当日送存银行

C. 私设小金库　　　　　　　　　　　D. "白条"抵库

3. 企业发生的下列各项支出中,按规定可以用现金支付的有(　　　　　　)。

A. 支付购买办公用品 800 元　　　　　B. 支付职工张某的医药费 2 000 元

C. 支付购买设备的款项 20 000 元　　　D. 支付张某出差的差旅费 1 000 元

4. 现金溢缺的核算涉及的会计账户有(　　　　　　)。

A. "其他应收款"　　　　　　　　　　B. "营业外支出"

C. "营业外收入"　　　　　　　　　　D. "待处理财产损溢"

5. 根据规定,银行账户一般分为(　　　　　)等几种。

A. 基本存款账户　　　　　　　　　　B. 一般存款账户

C. 临时存款账户　　　　　　　　　　D. 专用存款账户

6. 货币资金按存放地点和用途可分为(　　　　　　)。

A. 库存现金　　　　B. 银行存款　　　　C. 其他货币资金　　D. 其他应收款

7. 下列项目中,应在"其他货币资金"账户中核算的有(　　　　　　)。

A. 存出投资款　　　B. 支票存款　　　　C. 银行汇票存款　　D. 银行本票存款

8. 银行存款的总分类核算,应当根据(　　　　　)逐笔或分别定期汇总登记。

A. 银行收款凭证　　B. 银行付款凭证　　C. 转账凭证　　　　D. 现金付款凭证

9. 导致企业银行日记账余额与银行对账单余额不一致的情况有( )。
    A. 银行已记作存款增加,而企业尚未接到收款通知,尚未记账的款项
    B. 银行已记作存款减少,而企业尚未接到付款通知,尚未记账的款项
    C. 企业已记作银行存款增加,而银行尚未办妥入账手续的款项
    D. 企业已记作银行存款减少,而银行尚未支付入账的款项

10. 下列各项中,不通过"其他货币资金"账户核算的有( )。
    A. 银行汇票存款 B. 银行承兑汇票 C. 备用金 D. 存出投资款

三、判断题

1. 现金清查,是以实地盘点法核对库存现金实有数与账存数的。 ( )
2. 现金溢余,先在"其他应付款"账户反映,待日后短缺用于抵扣。 ( )
3. 无法查明原因的现金短缺,批准后记入"营业外支出"账户。 ( )
4. 未达账款是指企业与银行一方已入账而另一方尚未入账的账项。 ( )
5. 银行存款日记账余额调节表是调整企业存款账面余额的原始凭证。 ( )
6. 企业银行存款日记账余额与银行对账单余额因未达账项存在差额时,应按照银行存款余额调节表调整银行存款日记账。 ( )
7. 我国人民币是记账本位币,现金是指库存人民币现金。 ( )
8. 根据银行结算办法的规定,异地托收承付结算方式可适用于各种企业办理商品交易,以及因商品交易而产生的劳务供应的款项。 ( )
9. 商业承兑汇票和银行承兑汇票付款人负有到期无条件支付责任。 ( )
10. 外埠存款应通过"其他货币资金"账户核算。 ( )

🏠 实训操作

1. 晟启公司3月业务如下:①1日,企业开出现金支票一张,从银行提取现金2 000元。②2日,企业用现金支付购买办公用品费用400元。③3日,采购员张明去湖北采购材料,委托银行办理外埠存款10 000元。④5日,销售人员陈玲从财务部门预借差旅费1 000元,以现金支付。⑤9日,企业收到南昌天利公司上月所欠货款12 000元的银行转账支票一张。企业将支票和填制的进账单送交开户银行。⑥10日,陈玲报销差旅费1 200元,以现金补付余款。⑦18日,采购员张明用外埠存款购买材料,实际支付材料价款6 000元,增值税税额780元。⑧20日,张明返回企业时,银行已将多余款项3 220元退回企业开户银行。⑨31日,企业对现金进行清查,发现现金短缺600元。原因正在调查。⑩31日,发现短缺的现金是由于出纳员张华的工作失职造成的,应由其负责赔偿,金额为300元,另外300元没办法查明原因,经批准转作管理费用。

要求:编制上述业务的相关会计分录。

2. 晟启公司 2024 年 12 月 31 日在工商银行的银行存款余额为 256 000 元,银行对账单余额为 265 000 元,经核对有下列未达账项:① 企业于月末存入银行的转账支票 2 000 元,银行尚未入账。② 委托银行代收销货款 12 000 元,银行已经收到入账,但企业尚未收到银行收款通知。③ 银行代付本月电话费 4 000 元,企业尚未收到银行付款通知。④ 企业于月末开出转账支票 3 000 元,持票人尚未到银行办理转账手续。

要求:填制银行存款余额调节表,如表 2-3 所示。如果调节后双方的银行存款余额仍不相符,则应如何处理? 晟启公司在 2024 年 12 月 31 日可动用的银行存款数额是多少?

表 2-3　银行存款余额调节表
年　　月　　日　　　　　　　　　　　　　单位:元

项　　　目	金额	项　　　目	金额
企业银行存款日记账余额		银行对账单余额	
加:银行已收、企业未收款		加:企业已收、银行未收款	
减:银行已付、企业未付款		减:企业已付、银行未付款	
调节后的存款余额		调节后的存款余额	

3. 晟启公司 2024 年 12 月发生经济业务如下:

① 1 日,签发现金支票一张,提取现金 800 元备用。② 1 日,职工赵伟预借差旅费 1 000 元。③ 2 日,收到上月委托银行收取的销货款 30 000 元。④ 3 日,向湖口庆新公司销售产品 50 台,单价为 2 200 元,共计 110 000 元,增值税税额为 14 300 元,总计 124 300 元。⑤ 3 日,向银行存款支付前欠南昌钢铁厂购料款 200 000 元。⑥ 8 日,职工赵伟报销差旅费,原借款 1 000 元,报销 920 元,交回现金 80 元。⑦ 9 日,以银行汇票支付九江新港钢铁厂购料款 140 000 元,多余款 10 000 元已通过银行收回。⑧ 10 日,预收个人王东的零星购货款 702 元。⑨ 10 日,将收入现金 1 502 元存入银行。⑩ 16 日,以信汇结算方式预付东方钢铁厂货款 48 000 元。

要求:编制上述业务的相关会计分录。

4. 晟启公司 2024 年 6 月发生下列与货币资金收付有关的经济业务：① 2 日,购进材料一批,增值税专用发票中注明材料价款 30 000 元,增值税 3 900 元,签发转账支票付讫。② 3 日,签发现金支票,从银行提取现金 800 元备用。③ 4 日,张红报销差旅费 1 200 元,原借现金 1 000 元。④ 5 日,销售产品一批,售价 200 000 元,增值税税额 26 000 元,开具专用发票,已办妥托收手续,货款尚未收回。⑤ 6 日,企业汇往鹰潭采购地银行 50 000 元,设立采购专户。⑥ 7 日,企业销售产品一批,价值 80 000 元,增值税税额 10 400 元,收到购货方交来面值 90 400 元的银行承兑汇票一张。⑦ 8 日,支付银行承兑手续费 400 元。⑧ 9 日,委托银行签发银行汇票一份,面值为 40 000 元,交采购员持往外地采购材料。⑨ 12 日,向银行申请签发定额银行本票 20 张,每张 500 元。⑩ 16 日,将当日销货款现金 6 000 元送存银行。

要求: 编制上述业务的相关会计分录。

项目三　往来款项业务核算

一、往来款项的内容及科目设置

表 3-1　往来款项的内容及科目设置

项　目	内　容	科　目　设　置
应收票据	企业因销售商品、提供劳务等收到的商业汇票	设置"应收票据"总账,并按债务人设置明细账。"应收票据"是资产类科目,核算应收票据的面值以及期末计提的利息,余额一般在借方
应付票据	由出票人签发的,委托付款人在指定日期无条件支付确定的金额给收款人或者持票人的票据	设置"应付票据"总账,该账户按票据种类进行明细分类核算。期末余额一般在贷方,表示尚未支付的票据款项
应收账款	企业因销售商品或提供劳务等经营活动,应向购货单位或接受劳务单位收取的款项,包括销售商品或提供劳务过程中应收取的价款、增值税销项税额以及代垫的运杂费等	设置"应收账款"总账,并按债务人设置明细账。"应收账款"是资产类账户,期末余额一般在借方。不单独设置"预收账款"账户的企业,预收的账款也在"应收账款"账户核算,余额在贷方,反映企业预收的款项,余额在借方,反映企业应收的账款
应付账款	应付账款是企业因购买材料、商品或接受劳务供应等而应支付给供应方的款项。这是由于购买方取得物资与实际支付货款在时间上的不一致而造成的	设置"应付账款"总账,并按债权人设置明细账户。期末余额一般在贷方,表示尚未偿还的应付账款
预付账款	预付账款是企业按照购货合同规定预付给供货单位的款项,如预付的材料、商品采购货款以及预先支付的农副产品预购定金等	设置"预付账款"总账,该账户属于资产类,应按供应单位设置明细账,进行明细分类核算。期末余额如果在借方,表示企业实际预付的款项;如果在贷方,表示企业尚未补付的款项

续 表

项 目	内 容	科 目 设 置
预收账款	预收账款是指企业按照购销合同预先向购货单位或个人收取的定金或部分货款	设置"预收账款"总账,该账户应按购买单位设置明细账,期末余额可能在贷方,也可能在借方。余额在贷方,表示尚未发出产品或提供劳务的预收账款,或者应向购买方退还的多余款;余额在借方,表示应向购买方补收的货款
其他应收款	其他应收款是指除了应收票据、应收账款、预付账款及应收利息、应收股利外的各种其他应收及暂付的款项。具体包括:① 应收的各种赔款、罚款;② 应向职工收取的垫付款;③ 存出保证金(即支付的押金);④ 应收取的租金;⑤ 备用金等其他各种应收、暂付款	设置"其他应收款"总账,并按债务人设置明细账。"其他应收款"是资产类科目,不得与"其他应付款"科目混用
其他应付款	其他应付款是指企业除应付账款、应付票据、应付职工薪酬等以外的应付、暂收其他单位或个人的款项。包括:① 应付经营租入固定资产和包装物租金;② 职工未按期领取的工资、住房公积金;③ 存入保证金(如收取的包装物押金等);④ 应付、暂收所属单位、个人的款项(如应付统筹退休金、住房公积金等);⑤ 其他应付、暂收款项	设置"其他应付款"账户,该账户贷方登记其他应付款的发生数,借方登记实际支付数,期末余额在贷方,表示尚未支付的其他应付款
应收账款减值	企业的各种应收款项,可能会因债务人拒付、破产、死亡等原因无法收回,这类无法收回的应收款项就是坏账。企业由于发生坏账而造成的损失就是坏账损失,即"信用减值损失"	设置"坏账准备"账户,应按各种应收款项设置明细科目,是各种应收款项的备抵调整科目,记账规则与应收款项相反。"坏账准备"账户借方登记期末冲回多提坏账准备和确认坏账冲销坏账准备,贷方登记期末计提的坏账准备和收回已确认的坏账。期末余额在贷方,表示期末估计的坏账损失

二、往来款项的账务处理

(一)应收票据与应付票据的账务处理

表 3 - 2 应收票据与应付票据的账务处理

业 务 内 容		账 务 处 理
应收票据	取得	借:应收票据(面值) 　贷:主营业务收入 　　　应交税费——应交增值税(销项税额)

续　表

微课：应收
票据的核算

业　务　内　容		账　务　处　理
应收票据	计提利息	借：应收票据 　　贷：财务费用 带息商业汇票期末应计提利息，记入"应收票据"科目 计提的利息=面值×利率×计息期限
	到期收回票款	借：银行存款（票据到期值） 　　贷：应收票据（账面余额） 　　　　财务费用（倒挤——未计提的利息） 票据到期值=面值+票据利息 票据利息=面值×利率×票据期限 假如收到的是商业承兑汇票，到期时付款人无款支付，应转入"应收账款"账户
	贴现	借：银行存款（贴现金额） 　　贷：应收票据（账面余额） 　　　　财务费用（倒挤，借或贷） 贴现金额=票据到期值-贴现息 贴现息=票据到期值×贴现率×贴现期 如果贴现的是商业承兑汇票，贴现时记入"短期借款"账户，"应收票据"不冲销
	转让	借：原材料等 　　应交税费——应交增值税（进项税额） 　　贷：应收票据 　　　　银行存款（差额倒挤，贷或借）
应付票据	签发银行承兑汇票手续费	借：财务费用 　　贷：银行存款
	持票采购	借：在途物资（或原材料等） 　　应交税费——应交增值税（进项税额） 　　贷：应付票据
	期末计提票据利息	借：财务费用 　　贷：应付票据
	票据到期付款	借：财务费用（未计提利息） 　　应付票据（面值+已计提利息） 　　贷：银行存款
	票据到期无力支付	借：应付票据（面值+已计提利息） 　　财务费用（未计提利息） 　　贷：应付账款（商业承兑汇票）/短期借款（银行承兑汇票）

（二）应收账款与应付账款的账务处理

表 3 - 3   应收账款与应付账款的账务处理

业 务 内 容		账 务 处 理
应收账款	赊销	借：应收账款 　　贷：主营业务收入 　　　　应交税费——应交增值税(销项税额) 　　　　预计负债(最可能享受的现金折扣) 若有商业折扣,应收账款和销售收入按扣除商业折扣后的金额入账。 若有现金折扣,按照期望值或最可能发生金额确定为可变对价的最佳估计数,确认为预计负债
	收款	① 若无现金折扣： 借：银行存款 　　贷：应收账款 ② 若存在现金折扣： 借：银行存款 　　预计负债 　　贷：应收账款 　　　　主营业务收入(购买方享受现金折扣低于估计现金折扣部分)
应付账款	赊购	借：在途物资等 　　应交税费——应交增值税(进项税额) 　　贷：应付账款
	付款	借：应付账款 　　贷：银行存款
	无法支付	借：应付账款 　　贷：营业外收入

（三）预付账款与预收账款的账务处理

表 3 - 4   预付账款与预收账款的账务处理

业 务 内 容		账 务 处 理
预付账款	预付款项	借：预付账款 　　贷：银行存款
	采购货物	借：在途物资等 　　应交税费——应交增值税(进项税额) 　　贷：预付账款

续 表

业 务 内 容		账 务 处 理
预付账款	补付款项	借：预付账款 　贷：银行存款
	退回多付款项	借：银行存款 　贷：预付账款
预收账款	收款	借：银行存款 　贷：预收账款
	销售	借：预收账款 　贷：主营业务收入 　　　应交税费——应交增值税(销项税额)
	收取补付货款	借：银行存款 　贷：预收账款
	退还多收货款	借：预收账款 　贷：银行存款

（四）其他应收款与其他应付款的账务处理

表 3 - 5　其他应收款与其他应付款的账务处理

业 务 内 容		账 务 处 理
其他应收款	确认入账	借：其他应收款 　贷：营业外收入(确认罚没收入) 　　　其他业务收入(确认租金收入) 　　　银行存款(垫付款/支付的押金) 　　　库存现金(拨付备用金等)
	收回报销备用金	①借：银行存款/库存现金/应付职工薪酬等 　　贷：其他应收款——备用金 ②备用金报销时(定额管理)： 借：管理费用等 　应交税费——应交增值税(进项税额) 　贷：库存现金 ③备用金报销时(非定额管理)： 借：管理费用等 　应交税费——应交增值税(进项税额) 　贷：其他应收款

续　表

业　务　内　容		账　务　处　理
其他应付款	付款	借：银行存款 　　管理费用 　　贷：其他应付款
	支付或退还有关款项	借：其他应付款 　　贷：银行存款

（五）应收款项减值的账务处理

表 3 - 6　应收款项减值的账务处理

业务内容		账　务　处　理	要　　点
应收款项减值	计提坏账准备	借：信用减值损失 　　贷：坏账准备 冲回多提的坏账准备,做相反分录	① 本期计提的坏账准备=估计的坏账损失－计提前"坏账准备"账面贷方余额（借方+） 结果为正数,是计提数;为负数,是冲回多提数。 ② 坏账损失估计方法:应收款项余额百分比法、账龄分析法、赊销百分比法。 ③ 应收账款账面价值=应收账款账面余额－坏账准备账面余额
	确认坏账	借：坏账准备 　　贷：应收账款/其他应收款等 注:确认坏账必须依据"坏账核销审批单"	满足下列条件之一的,企业可以将应收款确认为坏账: ① 债务人死亡,以其遗产清偿后仍然无法收回的款项。 ② 债务人破产,以其破产财产清偿后仍然无法收回的款项。 ③ 债务人欠款时间较长（一般超过两年）,并有足够证据表明无法收回或者收回的可能性极小的款项
	收回已确认的坏账	借：应收账款/其他应收款等 　　贷：坏账准备 借：银行存款 　　贷：应收账款/其他应收款等	

技能测试

一、单项选择题

1. 在我国,应收票据是指(　　　)。

    A. 支票   B. 银行本票   C. 银行汇票   D. 商业汇票

2. "应收票据"账户应按( )入账。

    A. 票据面值   B. 票据到期价值

    C. 票据面值加应计利息   D. 票据贴现

3. 带息票据每期期末计提利息时,借记"应收票据"账户,贷记( )账户。

    A. "财务费用"   B. "管理费用"   C. "销售费用"   D. "其他业务收入"

4. 企业销售商品时,根据情况在商品标价上给予的扣除,称为( )。

    A. 商业折扣   B. 现金折扣   C. 销货折扣   D. 购货折扣

5. 企业已贴现的商业承兑汇票,由于承兑人存款不足,银行将承兑汇票退还给企业,并从贴现企业的银行账户中扣款,银行扣款的金额是( )。

    A. 票据票面金额   B. 票据到期价值

    C. 票据贴现额   D. 票据票面金额加上贴现息

6. 在"应付票据"账户中核算的票据是指( )。

    A. 商业汇票   B. 银行本票   C. 银行汇票   D. 支票

7. 一张 5 月 26 日签发的 30 天的票据,其到期日为( )。

    A. 6 月 25 日   B. 6 月 26 日   C. 6 月 27 日   D. 6 月 24 日

8. 企业年末应收款项余额为 200 000 元,坏账准备为贷方余额 8 000 元,按 5% 提取坏账准备,则应提的坏账准备数额为( )元。

    A. 10 000   B. 8 000   C. 18 000   D. 2 000

9. 公司将签发承兑日为 2024 年 3 月 5 日,期限为 6 个月,面值为 30 000 元,利率 6%,同年 6 月 5 日向银行贴现,贴现率为 8%,实收金额为( )元。

    A. 27 600   B. 30 000   C. 30 268.27   D. 30 282

10. 企业对有确凿证据表明已不符合预付账款性质的预付账款,应将其金额转入( )账户,并计提坏账准备。

    A. "应收账款"   B. "应收票据"   C. "其他应收款"   D. "应付账款"

11. 企业因购买原材料开出并承兑的带息商业承兑汇票,其票据利息应于期末和票据到期支付本息时,借记( )账户。

    A. "原材料"   B. "管理费用"   C. "财务费用"   D. "其他业务成本"

12. 企业预收款项情况不多的,可以将预收款项直接记入( )账户。

    A. "应付账款"   B. "应收账款"   C. "应付票据"   D. "应收票据"

13. 应收票据面值为 100 000 元,利率为 6%,期限三个月,到期值为( )元。

    A. 100 000   B. 106 000   C. 101 500   D. 103 000

14. 未贴现商业承兑汇票到期,如果付款人无力支付票款,银行将应收票据退回时,收款企业应将其转入( )账户。

    A. "应收账款"   B. "其他应收款"

    C. "预付账款"   D. "预收账款"

15. "坏账准备"期末计提坏账准备前如为借方余额,反映内容是( )。

    A. 提取的坏账准备

    B. 已收回以前已经确认并转销坏账准备

C. 实际发生的坏账损失

D. 已确认的坏账损失超出坏账准备余额

二、多项选择题

1. 计算带息商业汇票的到期值,应考虑的因素有(　　　　　)。

A. 贴现天数　　　　B. 票据期限　　　　C. 票面利率　　　　D. 贴现利率

2. 应通过"应收票据"或"应付票据"账户核算的票据有(　　　　　)。

A. 银行本票　　　　B. 支票　　　　C. 银行承兑汇票　　　　D. 商业承兑汇票

3. 企业 2024 年 3 月 31 日收到带息商业汇票,票面价值为 20 000 元,利率为 9%,期限为一个月。该票据在 4 月 21 日贴现,贴现率为 12%(假设该企业与票据付款人在同一票据交换区),则下列表述中正确的有(　　　　　)。

A. 票据贴现息为 60.45 元　　　　B. 票据到期日是 2024 年 4 月 30 日

C. 票据到期值为 20 150 元　　　　D. 票据贴现天数为 9 天

4. 估计坏账准备的方法有(　　　　　)。

A. 直接转销法　　　　B. 销货百分比法

C. 账龄分析法　　　　D. 应收账款余额百分比法

5. 下列事项中,应在"其他应收款"账户核算的有(　　　　　)。

A. 应收保险公司的各种赔款　　　　B. 应向职工收取的各种垫付款

C. 应收出租包装物的租金　　　　D. 向外单位借用包装物支付的押金

6. 下列事项中,可以确认为坏账的有(　　　　　)。

A. 债务人死亡,以其遗产清偿后仍然无法收回的应收款项

B. 债务人破产,以其破产财产清偿后仍然无法收回的应收款项

C. 因债务人逾期未履行偿债义务超过 3 年,确实无法收回应收款项。

D. 已逾期但无确凿证据证明不能收回的应收款项

7. 下列事项中,应记入"坏账准备"账户贷方的有(　　　　　)。

A. 转销确实无法支付的应付账款　　　　B. 转销已确认无法收回的应收账款

C. 收回过去已经确认并转销的坏账　　　　D. 按规定提取坏账准备

8. 应收账款包括(　　　　　)。

A. 应收职工欠款　　　　B. 应收赊销货款

C. 应收利息　　　　D. 应收购货单位垫付的销售商品运费

9. 企业将无息应收票据贴现时,影响贴现利息计算的因素有(　　　　　)。

A. 票据的面值　　　　B. 票据的期限　　　　C. 票据的种类　　　　D. 贴现的利率

10. 按规定应收款项中,不能全额计提坏账准备的有(　　　　　)。

A. 与关联方发生的应收款项

B. 计划对应收款项进行重组

C. 当年发生应收款项

D. 已逾期但无确凿证据表明不能收回应收款项

11. 下列各项应收款项中,应通过"应收账款"账户核算的有(　　　　　)。

A. 代购货方垫付的各种运杂费

  B. 销售商品、产品应向购货方收取的价款

  C. 应向职工收取的各种垫付款

  D. 提供劳务应向接受劳务方收取的价款

12. 下列项目属于其他应付款核算内容的有（   ）。

  A. 应付经营租入固定资产的租金   B. 存入保证金

  C. 应付职工教育经费   D. 应付职工的奖金

三、判断题

1. 应收账款是企业应向其他单位或个人收取的各种款项。   （ ）

2. 年末"坏账准备"账户余额应等于按年末应收账款余额的一定比例计算的坏账准备
金额。   （ ）

3. 不带息票据按面值入账，带息应收票据按到期价值入账。   （ ）

4. 商业汇票一经贴现，就从贴现企业账簿记录中注销，贴现企业的责任就完全解除了。
      （ ）

5. 坏账损失是企业无法收回的应收账款和发生的现金短缺。   （ ）

6. 采用应收账款余额百分比法计提坏账准备时，"应收账款"账户的期末余额乘以规定
的计提比例，就是本期应计提的坏账准备数额。   （ ）

7. 预付款项形成债权，应在"预付账款"或"应付账款"账户核算。 （ ）

8. 商业承兑汇票到期时，如果付款人的银行存款不足支付，银行将把票据退还收款人由
其自行解决。   （ ）

9. "其他应付款"账户核算企业应付其他单位或个人的货款、股利及其他款项。（ ）

10. 各单位周转使用的备用金，应在"其他应收款"科目或单独设置"备用金"账户进行
核算。   （ ）

🏠 实训操作

1. 晟启公司为一般纳税人企业，某月发生如下经济业务：

  ① 向晟启公司销售产品一批，价款 100 000 元，增值税税额 13 000 元，采用托收承付结算方式结算，在产品发运时，以支票支付代垫运杂费 800 元，已向银行办妥托收手续。② 上月应收乙单位货款 50 000 元，经协商，晟启公司收到乙单位交来的一张六个月期的商业承兑汇票，票面价值为 50 000 元，票面利率为 4%。③ 向丙单位销售产品一批，价款为 50 000 元，增值税为 6 500 元，付款条件为 2/10,1/20,n/30。（假定对方会享受最高现金折。）④ 接银行通知，应收晟启公司的货款 125 000 元已收妥入账。⑤ 上述丙单位在第 10 天交来转账支票一张，支付全部货款。⑥ 又向晟启公司销售产品一批，价款为 200 000 元，增值税 26 000 元。收到晟启公司交来已承兑、期限为 2 个月、面值 226 000 元不带息商业汇票一张。⑦ 应收乙公司票面价值为 50 000 元，票面利率为 5%，期限 3 个月的银行承兑汇票已到期，该票据款项已收存银行。⑧ 将上述收到的晟启公司面值 226 000 元的不带息商业承兑汇票向银行贴现，贴现天数为 45 天，贴现率为 6%，贴现款已收存银行。⑨ 上述向银行贴现的商业承兑汇票到期，因承兑人无力支付，银行退回贴现票据，并在本企业银行账户中将票据本息划回。⑩ 年末，对尚未到期的应收乙公司的票面价值为

50 000元,票面利率为5%,期限为6个月的带息商业承兑汇票计提利息。企业已持有该票据3个月。

要求:根据以上经济业务编制会计分录,并列出必要的计算过程。

2. 晟启公司采用应收账款余额百分比法核算坏账损失,坏账准备的提取比例为5%,有关资料如下:① 2023年年初,"坏账准备"账户为贷方余额8 000元(按应收账款计提的部分,下同)。② 2023年和2024年年末应收账款余额分别为220 000元和130 000元,这两年均没有发生坏账损失。③ 2024年5月,经有关部门批准确认一笔坏账损失,金额为30 000元。④ 2024年9月,上述已核销的坏账又收回15 000元。⑤ 2024年年末,应收账款余额为100 000元。

要求:编制上述业务的有关会计分录。

3. 晟启公司发生下列经济业务:① 公司2021年首次提取坏账准备时,其年末应收账款余额为1 000 000元,按3‰提取坏账准备。② 2022年3月31日,确认华阳纺织厂原欠货款2 000元无法收回,作坏账处理。③ 2022年年末,应收账款余额为600 000元,按3‰提取坏账准备。④ 2023年7月5日,确认兴达公司原欠货款4 000元,无法收回,作坏账处理。⑤ 2023年年末,应收账款期末余额为500 000元,按3‰提取坏账准备。⑥ 2024年5月,收回已确认的一笔坏账,其金额为1 500元,款已存入银行。⑦ 2024年年末,应收账款余额为600 000元,按3‰提取坏账准备。

要求:

(1)用应收账款余额百分比法分别计算2021年至2024年各年年末应提坏账准备

数额。

（2）编制有关提取坏账准备,核销坏账以及坏账核销后又收回的会计分录。

4. 晟启公司 2024 年发生下列经济业务:① 4 月 6 日销售产品一批,价值 40 000 元,增值税税率 13%,以银行存款代购货方垫付运杂费 200 元,已办妥委托银行收款手续。② 4 月 16 日,接银行通知,收回外地某企业前欠的货款 24 000 元。③ 5 月 8 日,收到当地某企业银行承兑商业汇票一张,面值 27 400 元,用以抵付前欠的货款。④ 5 月 12 日,销售产品一批,价目表标明价格为 100 000 元,由于成批购买,商品折扣为 10%,现金折扣条件为 2/10、1/20、n/30(假定对方会享受最高现金折),适用的增值税税率为 13%,产品已发出并办妥托收承付手续。⑤ 5 月 21 日,收到 5 月 12 日销售产品托收的款项,存入银行。⑥ 6 月 12 日,经分析,将超过三年仍没收回的应收账款为 20 000 元,经批准作为坏账损失处理。(该企业坏账损失采用备抵法核算。)⑦ 8 月 20 日,本年已作为坏账损失处理的一笔应收账款为 6 000 元,今天又收回存入银行。⑧ 10 月 15 日,某公司破产前欠本企业货款 23 400 元,依法清偿时只收回 15 000 元存入银行。⑨ 假若 12 月 31 日,该企业“应收账款”账户余额为 3 000 000 元,调整前“坏账准备”账户贷方余额为 6 500 元,该企业年末按应收账款余额的 5‰计提坏账准备。

要求:编制上述业务的相关会计分录。

5. 晟启公司 2024 年 5 月 10 日销售自产的 B 商品 100 件,售价为 500 元/件,增值税税率为 13%,收到一张面值 56 500 元、承兑日为 5 月 10 日、承兑期 6 个月的不带息银行承兑汇票;成本为 400 元/件。① 若 11 月 10 日到期收到商业汇票款;② 若 11 月 10 日到期付款人无力付款;③ 若 8 月 20 日,申请贴现,银行扣除贴现息 3 000 元后将款项提前支付给晟启公司;④ 若 6 月 20 日,背书转让银行承兑汇票,购入材料买价为 90 000 元,增值税为 11 700 元,转让票据后不足的设备款,晟启公司用转账支票支付。

要求: 编制晟启公司上述业务的会计分录。

6. 晟启公司 2024 年 9 月发生有关应付票据的业务如下:① 9 月 1 日,购入 B 公司材料一批,价款 200 000 元,增值税税额 26 000 元,材料验收入库(材料按实际成本计价核算),企业开出一张期限 3 个月的不带息银行承兑汇票,并向银行支付 1% 的手续费。② 9 月 5 日,购入 C 公司材料一批,价款 600 000 元,增值税税额 78 000 元,材料验收入库(材料按实际成本计价核算),公司开出一张期限 6 个月、票面年利率 6% 的带息银行承兑汇票,并以银行存款支付承兑手续费 6 000 元。③ 9 月 10 日,公司 6 个月前签发给 D 公司的商业承兑汇票到期,以银行存款支付票据款 88 500 元。④ 9 月 20 日,公司 3 个月前签发并承兑的不带息票据到期,公司无力付款,予以结转,票面价款为 800 000 元。

要求: 编制晟启公司有关业务的会计分录。

项目四 财产物资业务核算

学习指导

任务一 存货核算

一、存货的成本

表 4-1 存货的成本

采购成本	采购成本包括购买价款、相关税费、运杂费等其他可归属于存货采购成本的费用。 购买价款，是指企业购入存货的发票账单上列明的价款，但不包括按规定可以抵扣的增值税进项税额。 相关税费，是指企业购买存货发生的进口关税、消费税、资源税和不能抵扣的增值税进项税额以及相应的教育费附加等应计入存货采购成本的税费。 其他可归属于存货采购成本的费用，是指存货采购过程中除购买价款和相关税费以外的可归属于存货采购的费用，如存货采购过程中发生的运输费、包装费、装卸费、仓储费、运输途中的合理损耗、入库前的挑选整理费等
加工成本	加工成本，是指材料加工成产成品的过程中发生的追加费用，包括直接人工以及按照一定方法分配的制造费用。直接人工是指在生产产品、提供劳务过程中发生的直接从事产品生产和劳务提供人员的薪酬。制造费用是指产品生产、劳务提供过程中发生的各项间接费用
其他成本	其他成本，是指除采购成本、加工成本外，使存货达到目前场所和状态所发生的其他支出，如企业为特定客户设计产品所发生的、可直接确定的设计费用。但企业设计产品发生的设计费用通常应计入当期损益

26

二、采购原材料的账务处理

表 4－2　采购原材料的账务处理

业务内容	实际成本法	计划成本法
收到发票账单	借：在途物资 　　应交税费——应交增值税（进项税额） 　贷：银行存款/应付账款等	借：材料采购（实际价） 　　应交税费——应交增值税（进项税额） 　贷：银行存款/应付账款等
验收入库	借：原材料 　贷：在途物资	借：原材料（计划价） 　贷：材料采购（计划价） 结转借差： 借：材料成本差异（超支差异） 　贷：材料采购（实际价-计划价） 或结转贷差： 借：材料采购（计划价-实际价） 　贷：材料成本差异（节约差异）
月末货到单未到	借：原材料（合同价等） 　贷：应付账款——暂估应付款 下月月初红字冲回	借：原材料（计划价） 　贷：应付账款——暂估应付款 下月月初红字冲回
入库不合理短缺	借：待处理财产损溢 　贷：在途物资	借：待处理财产损溢 　贷：材料采购（实际价）
短缺处理①供货方补发货	借：原材料 　贷：待处理财产损溢	借：原材料（计划价） 借（或贷）：材料成本差异 　贷：待处理财产损溢
短缺处理②供货方退款	借：银行存款等 　贷：在途物资 　　应交税费——应交增值税（进项税额） 借：在途物资 　贷：待处理财产损溢	借：待处理财产损溢 　　应交税费——应交增值税（进项税额） 　贷：银行存款等
短缺处理③责任人赔偿	借：其他应收款 　贷：待处理财产损溢 　　应交税费——应交增值税（进项税额转出）	
短缺处理④非常损失	借：营业外支出 　贷：待处理财产损溢	
短缺处理⑤企业自行负担	借：管理费用 　贷：待处理财产损溢 若为企业管理不善造成的损失,还需将进项税额转出	

微课：存货采购短缺核算

三、领用原材料的账务处理

表 4-3　领用原材料的账务处理

业务内容	实际成本法	计划成本法
成本计算方法	① 先进先出法 ② 月末一次加权平均法 ③ 移动加权平均法 ④ 个别计价法	材料成本差异率的计算与材料成本差异的分摊： ① 材料成本差异率=(期初结存材料成本差异额+本期收入材料成本差异额)÷(期初结存材料计划成本+本期收入材料计划成本) ② 发出材料应分摊的成本差异=发出材料的计划成本×材料成本差异率 ③ 发出材料的实际成本=发出材料计划成本±发出材料应负担的成本差异 ④ 结存材料的实际成本=结存材料计划成本±结存材料应负担的成本差异
账务处理	借：生产成本/制造费用/管理费用/销售费用/在建工程/研发支出等 　　贷：原材料	借：生产成本/制造费用/管理费用/销售费用/在建工程/研发支出等 　　贷：原材料(计划成本) 借差结转： 借：生产成本/制造费用/管理费用/销售费用/在建工程/研发支出等 　　贷：材料成本差异(分摊的借差) 或贷差结转： 借：材料成本差异(分摊的贷差) 　　贷：生产成本/制造费用/管理费用/销售费用/在建工程/研发支出等

四、周转材料的账务处理

表 4-4　周转材料的账务处理

业务内容	账务处理
包装物领用(增加账务处理略)：	
生产领用	借：生产成本 　　贷：周转材料——包装物
随货销售领用，单独计价	借：其他业务成本 　　贷：周转材料包装物
随货销售领用，不单独计价	借：销售费用 　　贷：周转材料包装物
出租领用(一次摊销)	借：其他业务成本 　　贷：周转材料——包装物

业 务 内 容		账 务 处 理
出借领用(一次摊销)		借:销售费用 　贷:周转材料——包装物
低值易耗品领用、摊销及报废(增加账务处理略):		
一次摊销	领用	借:制造费用/管理费用等 　贷:周转材料——低值易耗品
	报废	报废不进行会计处理,但若有残料入库/残值回收: 借:原材料/库存现金等 　贷:制造费用/管理费用等
分次摊销	领用	借:周转材料——低值易耗品(在用) 　贷:周转材料——低值易耗品(在库)
	摊销	借:制造费用/管理费用等 　贷:周转材料——低值易耗品(摊销)
	报废	借:制造费用/管理费用等(尚未摊销额) 　原材料/库存现金等(残料/残值回收额) 　周转材料——低值易耗品(摊销)(已摊销额) 　贷:周转材料——低值易耗品(在用)

五、委托加工物资的账务处理

表 4-5　委托加工物资的账务处理

业 务 内 容		账务处理(以实际成本法为例)
发出加工物资		借:委托加工物资 　贷:原材料
支付加工费,往返运费		借:委托加工物资 　应交税费——应交增值税(进项税额) 　贷:银行存款等
支付代扣代缴 消费税	收回后直接出售	借:委托加工物资 　贷:银行存款
	收回后需继续 加工	借:应交税费——应交消费税 　贷:银行存款
加工完毕收回		委托加工物资成本=发出加工物资成本+支付的加工费+往返运杂费+收回后直接出售的委托加工物资受托方代收代缴的消费税 借:库存商品/原材料 　贷:委托加工物资

六、库存商品的账务处理

表 4－6　库存商品的账务处理

业 务 内 容		账 务 处 理
增加	购入增加	借：库存商品 　　贷：银行存款/应付账款等 　　　　应交税费——应交增值税(进项税额)
	生产增加	借：库存商品 　　贷：生产成本
减少	销售减少	借：主营业务成本 　　贷：库存商品

表 4－7　商品流通企业库存商品的成本计算方法

毛利率法成本计算公式	① 销售毛利＝销售收入－销售成本 ② 毛利率＝销售毛利÷销售额×100% ③ 本期销售毛利＝本期销售收入×上期毛利率 ④ 本期销售成本＝本期销售收入－本期销售毛利
售价金额核算法成本计算公式	① 商品进销差价率＝(期初库存商品进销差价＋本期购入商品进销差价)÷(期初库存商品售价＋本期购入商品售价)×100% ② 本期销售商品应分摊的商品进差价＝本期商品销售收入×商品进销差价率 ③ 本期销售商品的成本＝本期商品销售收入－本期销售商品应分摊的商品进销差价

七、存货清查的账务处理

表 4－8　存货清查的账务处理

业 务 内 容		账 务 处 理
盘盈	发现盘盈	借：原材料等 　　贷：待处理财产损溢
	盘盈处理	少发货造成盘盈,企业补发： 借：待处理财产损溢 　　贷：原材料等 未查明原因的盘盈,企业自负： 借：待处理财产损溢 　　贷：管理费用

续 表

业 务 内 容		账 务 处 理
盘亏	发现盘亏	借:待处理财产损溢 　贷:原材料等
	盘亏处理 ① 多发货,退回	借:原材料等 　贷:待处理财产损溢
	盘亏处理 ② 经营性损耗	借:管理费用 　贷:待处理财产损溢
	盘亏处理 ③ 管理不善造成的损耗	借:管理费用 　其他应收款(责任人赔偿部分) 　贷:待处理财产损溢 　　应交税费——应交增值税(进项税额转出)
	盘亏处理 ④ 自然灾害等形成的非常损失	借:营业外支出 　贷:待处理财产损溢

八、存货减值

表4-9　存货减值

业 务 内 容		计算及账务处理
		减值额=成本-可变现净值
可变现净值计算	① 直接用于出售的存货	未签合同的:可变现净值=市场销售价格-估计的销售费用和相关税费 已签合同的:可变现净值=合同价格-估计的销售费用和相关税费
	② 为生产而持有的存货	用于生产产品的材料: 第一步:计算产品的可变现净值。 产品可变现净值=产品估计售价-估计的销售费用和相关税费 第二步:比较产品的可变现净值与成本孰低。 ① 当产品的可变现净值低于成本时,材料按照可变现净值计量。 材料可变现净值=产品估计售价-至完工仍需加工的成本-估计的销售费用和相关税费 ② 当产品的可变现净值高于成本时,材料按照成本计量
	③ 无使用价值和转让价值的存货	可变现净值为零

31

续 表

业 务 内 容		计算及账务处理
账务处理	计提存货跌价准备	借:资产减值损失 　　贷:存货跌价准备
	存货跌价准备转回	借:存货跌价准备 　　贷:资产减值损失
	发出存货随同结转存货跌价准备	借:存货跌价准备 　　主营业务成本/生产成本等 　　贷:库存商品/原材料等

✎ 技能测试

一、单项选择题

1. 企业外购存货发生的支出中,通常不计入采购成本的是(　　)。

　　A. 运输途中的合理损耗　　　　　　　B. 入库前的挑选整理费

　　C. 支付给运输单位的运杂费　　　　　D. 市内零星货物运杂费

2. 企业购进存货发生的入库前挑选整理费,应当计入(　　)。

　　A. 销售费用　　　　　　　　　　　　B. 管理费用

　　C. 其他业务成本　　　　　　　　　　D. 存货成本

3. 按照会计准则的规定,企业购货时取得的现金折扣,应当(　　)。

　　A. 冲减购货成本　　　　　　　　　　B. 冲减资产减值损失

　　C. 冲减管理费用　　　　　　　　　　D. 冲减财务费用

4. 企业采购的存货短缺,应计入有关存货采购成本的是(　　)。

　　A. 意外事故等非常原因造成的存货短缺　B. 运输途中合理损耗

　　C. 因运输单位责任造成的存货短缺　　D. 供货单位责任造成存货短缺

5. 委托加工存货所支付,不可能计入委托加工存货成本的是(　　)。

　　A. 支付的增值税　　　　　　　　　　B. 支付的消费税

　　C. 支付的往返运杂费　　　　　　　　D. 支付的加工费用

6. 委托加工存货收回后用于继续加工的消费税,记入(　　)账户。

　　A. "委托加工物资"　　　　　　　　　B. "其他业务成本"

　　C. "应交税费——应交消费税"　　　　D. "税金及附加"

7. 企业接受捐赠的原材料,产生的利得应当计入(　　)。

　　A. 实收资本　　　　　　　　　　　　B. 资本公积

　　C. 其他业务收入　　　　　　　　　　D. 营业外收入

8. 接受投资者投资取得的原材料,其入账价值应当是(　　)。

　　A. 该原材料原账面价值　　　　　　　B. 该原材料的公允价值

　　C. 投资各方协商确定的价值　　　　　D. 该存货的可变现净值

9. 企业在建工程领用了本企业的原材料。该原材料实际成本为 8 000 元,增值税税率为 13%。则应计入在建工程成本的金额为( )元。

　　A. 8 000　　　　　B. 6 640　　　　　C. 7 500　　　　　D. 9 040

10. 某企业材料采用计划成本,该企业购入原材料买价为 18 000 元,增值税专用发票上注明的税额为 2 340 元,材料超支差异为 2 000 元,应记入"原材料"账户的金额为( )。

　　A. 22 340　　　　　B. 20 000　　　　　C. 18 000　　　　　D. 16 000

11. 甲公司月初库存原材料成本为 100 000 元,材料成本差异贷方余额为 2 000 元,本月购入原材料计划成本为 500 000 元,实际成本为 490 000 元,差异率为( )。

　　A. 超支 2%　　　B. 超支 1.5%　　　C. 节约 2%　　　D. 节约 1.5%

12. 企业在清查存货时发现存货盘盈,报经批准处理后应当( )。

　　A. 冲减销售费用　　　　　　　　　B. 冲减管理费用

　　C. 作为其他业务收入　　　　　　　D. 作为营业外收入

13. 如果企业的存货已经计提了跌价准备,则存货的账面价值为( )。

　　A. 可变现净值　　　　　　　　　　B. 现行市价

　　C. 公允价值　　　　　　　　　　　D. 账面成本减已计提的跌价准备

14. 2024 年年末,A 企业甲材料的账面成本为 230 000 元,可变现净值为 180 000 元。计提存货跌价准备前,"存货跌价准备"账户有贷方余额 10 000 元。则该企业当年应计提的存货跌价准备金额为( )元。

　　A. 20 000　　　　　B. 30 000　　　　　C. 40 000　　　　　D. 50 000

二、多项选择题

1. 下列资产项目中,属于企业存货的有( )。

　　A. 在途物资　　　B. 工程物资　　　C. 委托加工物资　　　D. 生产成本

2. 企业支付中,应计入增值税一般纳税人原材料采购成本的有( )。

　　A. 运输途中的合理损耗　　　　　　B. 入库前挑选整理费

　　C. 运杂费　　　　　　　　　　　　D. 进口关税

3. 企业委托其他单位加工应税消费品,加工完成后直接用于销售,下列项目应计入该委托加工物资成本的有( )。

　　A. 发出原材料的成本　　　　　　　B. 支付的运杂费

　　C. 支付的加工费　　　　　　　　　D. 支付的消费税

4. 企业发出的原材料按照发出原材料的公允价值确认的有( )。

　　A. 以公允价值为计量基础的非货币性资产交换

　　B. 以账面价值为计量基础的非货币性资产交换

　　C. 在建工程领用的原材料

　　D. 生产产品领用的原材料

5. 根据企业会计准则的规定,周转材料可以采用的摊销方法有( )。

　　A. 一次转销法　　　　　　　　　　B. 直线摊销法

　　C. 五五摊销法　　　　　　　　　　D. 分次摊销法

6. 企业领用周转材料时,应将周转材料成本计入销售费用的有(　　　　)。

　　A. 生产部门领用的周转材料

　　B. 管理部门领用的周转材料

　　C. 随同商品出售但不单独计价的周转材料

　　D. 出借的周转材料

7. 计划成本法下,"材料成本差异"账户贷方登记的内容有(　　　　)。

　　A. 入库材料的成本超支差　　　　　　B. 入库材料的成本节约差

　　C. 出库材料的成本超支差　　　　　　D. 出库材料的成本节约差

8. 存货采用计划成本核算时,下列说法正确的有(　　　　)。

　　A. 超支差异指计划成本超过实际成本的差额

　　B. 超支差异指计划成本低于实际成本的差额

　　C. 节约差异指计划成本超过实际成本的差额

　　D. 采购存货的实际成本在"材料采购"账户借方核算

三、判断题

1. 企业为生产产品而购入的材料属于存货,为建造固定资产而购入的材料不属于存货。
(　　)

2. 企业在原材料采购过程中,如果发生了短缺、毁损等情况,报经批准处理后,应计入有关原材料的采购成本。(　　)

3. 企业采购过程中发生了短缺。经查,属于自然灾害或意外事故等非常原因造成的存货毁损,报经批准处理后,将净损失计入原材料成本。(　　)

4. 对于需要缴纳消费税的委托加工原材料,由受托加工方代收代缴的消费税,均计入委托加工原材料成本。(　　)

5. 存货计价方法一旦选定,前后各期应当保持一致,不得变更。(　　)

6. 按先进先出法计价,物价上涨期间,会高估当期利润和存货价值。(　　)

7. 企业没收的出借周转材料押金,应作为营业外收入入账。(　　)

8. 五五摊销法是指在购入周转材料时先摊销其账面价值的50%,待领用时再摊销其账面价值50%的一种摊销方法。(　　)

9. 原材料采用计划成本法核算,在资产负债表中按计划成本反映其的价值。(　　)

10. 原材料采用计划成本法核算,企业对取得的原材料均应通过"材料采购"账户进行计价对比,确定原材料成本差异。(　　)

11. 企业某期计提的存货跌价准备金额,为该期期末存货的可变现净值低于成本的差额。
(　　)

12. 企业持有存货的目的不同,其可变现净值的确定方法也有所不同。(　　)

🏠 实训操作

1. 晟启公司为一般纳税人,发生以下经济业务。

(1) 2024年9月1日"原材料"账户借方余额为184 800元,其中,A材料2 200千克,金额为123 420元;B材料3 100千克,金额为61 380元。"在途物资"借方余额为97 740

元,是外购 1 800 千克 A 材料的实际成本。

（2）9 月的材料收发业务如下：① 9 月 2 日,购入 A 材料 2 000 千克,增值税专用发票注明材料的价款为 109 000 元,增值税税额为 14 170 元,企业开出面额为 123 170 元的商业承兑汇票,材料验收入库。② 9 月 3 日,上月在途材料 A 材料如数入库。③ 9 月 6 日,购入 B 材料 5 200 千克,增值税专用发票上注明的价款为 107 100 元,增值税税额为 13 923 元,销货方代垫运杂费 1 200 元,材料验收入库,货款暂欠。④ 9 月 8 日,为生产产品领用材料,其中 A 材料 5 000 千克,B 材料 6 500 千克。⑤ 9 月 12 日,向外地某公司购入 A、B 两种材料,增值税专用发票注明：A 材料 3 000 千克,价款 165 600 元,增值税税额 21 528 元;B 材料 4 200 千克,价款 80 200 元,增值税税额 10 426 元,销货方代垫 A、B 材料的铁路运杂费为 1 656 元。以银行存款支付上述款项(运费按重量比例分摊),材料尚在运输途中。⑥ 9 月 15 日,企业于 9 月 12 日所购材料全部入库。⑦ 9 月 20 日,生产产品领用材料,其中 A 材料 3 800 千克,B 材料 5 100 千克,厂部管理部门领用 B 材料 150 千克。⑧ 9 月 25 日,购入 B 材料 1 600 千克,增值税专用发票上注明材料的价款为 33 500 元,增值税税额为 4 355 元,销货方代垫运杂费 600 元,企业根据收到的托收承付结算凭证予以承付,材料尚在运输途中。⑨ 9 月 28 日,收到外地某单位发来 A 材料 1 000 千克,已验收入库,尚未收到结算凭证。⑩ 9 月 30 日,企业于 9 月 28 日入库的 A 材料的结算凭证仍未收到,按每千克 55 元估价入账。

要求：

（1）根据外购材料业务,编制会计分录。

（2）根据领料单,编制"发料凭证汇总表",并据以编制会计分录。发出 A、B 材料按一次加权平均法分别计算单价。

2. 晟启公司从汇通公司赊购一批原材料,增值税专用发票上注明的原材料价款为 80 000 元,增值税税额为 10 400 元。根据合同约定,现金折扣条件为 2/10,1/20,n/30,计算现金折扣时不考虑增值税。

要求：编制晟启公司赊购原材料的下列会计分录：

（1）赊购原材料。

（2）支付货款。① 假定 10 天内支付货款。② 假定 20 天内支付货款。③ 假定超过 20 天支付货款。

3. 晟启公司购入原材料 10 000 件，单位价格为 20 元，增值税专用发票上注明的增值税税额为 26 000 元，款项已通过银行转账支付，但材料尚在运输途中。待所购材料运达企业后，验收时发现短缺 100 件，原因待查。

要求： 编制晟启公司购入原材料的下列会计分录：

（1）支付货款，材料尚在运输途中。

（2）材料运达企业，验收时发现短缺，原因待查，其余材料入库。

（3）短缺原因查明，分下列不同情况进行会计处理：① 假定为运输途中的合理损耗。② 假定为供货方发货时少付，经协商，由其补足少付的材料。③ 假定为运输单位责任，经协商，由运输单位负责赔偿。④ 假定因意外事故造成，由保险公司负责赔偿 1 404 元。

4. 晟启公司委托诚实公司加工一批原材料，发出甲材料的实际成本为 20 000 元，支付加工费 2 000 元，支付运杂费 200 元，支付增值税 2 600 元，支付由诚实公司代收代缴的消费税 3 000 元。

要求： 编制晟启公司委托加工包装物的下列会计分录：

（1）发出甲材料,委托诚实公司加工原材料。

（2）支付加工费和运杂费。

（3）支付由诚实公司代收代缴的增值税。

（4）假定应税消费品收回后用于连续生产。

（5）假定应税消费品收回后用于直接销售,原材料加工完成,验收入库。

5. 晟启公司为增值税一般纳税人,材料按计划成本核算,甲材料单位计划成本为 10 元/千克。2024 年 5 月有关甲材料的资料如下:

① "原材料——甲材料"账户期初借方余额为 20 000 元,"材料成本差异——甲材料"账户期初贷方余额为 700 元,"材料采购"账户期初借方余额为 38 800 元(4 040 千克)。② 5 月 5 日,上月已付款的甲材料 4 040 千克如数收到并验收入库。③ 5 月 20 日,从外地购入甲材料 8 000 千克,增值税专用发票上注明材料价款 80 000 元,增值税税额 10 400 元,款项已用银行存款支付,材料尚未到达。④ 5 月 25 日,20 日从外地购入的甲材料到达,验收时发现短缺 40 千克,经查明为途中合理损耗,按实收数量验收入库。⑤ 5 月 31 日,汇总本月发料凭证,本月共发出甲材料 11 000 千克,全部用于 A 产品生产。

要求:

（1）编制会计分录。

（2）计算甲材料成本差异率。

（3）计算并结转本月发出甲材料应负担的成本差异。

（4）计算月末库存甲材料实际成本。

6. 晟启公司对乙材料采用计划成本核算,乙材料计划单价为 25 元/千克。1 月 31 日,有关乙材料的账户余额如表 4-10 所示。

表 4-10 账户余额

账 户 名 称	余 额 方 向	金额/元
材料采购	借方	3 270
原材料	借方	14 700
材料成本差异	贷方	345

2 月份发生的有关乙材料收入、发出及结存的经济业务如下:

① 采购乙材料 480 千克,材料验收入库,货款为 12 000 元,增值税税额为 1 560 元,以支票付讫,并以现金支付装卸费 75 元;② 上月已经办理结算但乙材料未到的在途材料 132 千克,于本月全部到达并入库。乙材料实际成本为 3 270 元,计划成本为 3 300 元 (132×25)。③ 从外埠采购乙材料 180 千克,结算凭证到达并办理付款手续。付款总额为 4 990 元(其中:货款 4 300 元,增值税税额 559 元,进货运杂费 96 元,装卸费 35 元),但材料未到。④ 本月购进的乙材料 300 千克已经验收入库,月末结算凭证仍未收到,先按计划价入账,下月月初再以红字冲回。⑤ 根据本月发料凭证汇总表,共计发出乙材料 960 千克,计划成本为 24 000 元。其中:直接用于产品生产 600 千克,计划成本 15 000 元;车间一般耗用 300 千克,计划成本 7 500 元;管理部门耗用 40 千克,计划成本 1 000 元;产品销售方面耗用 20 千克,计划成本 500 元。⑥ 按本月材料成本差异率计算分摊本月发出材料负担的成本差异,将发出材料的计划成本调整为实际成本。

要求:

(1) 根据上述资料编制会计分录(入库同时结转材料差异)。

(2) 计算本月乙材料的成本差异率。

(3) 计算并结转本月发出乙材料应负担的成本差异。

(4) 计算本月月末库存乙材料的实际成本。

7. 晟启公司对存货单项计提存货跌价准备。年末存货资料如下：① 库存商品 W，账面余额为 300 万元，已计提存货跌价准备 30 万元，按照一般市场价格预计售价为 380 万元，预计销售费用和相关税费为 10 万元；② 库存商品 N，账面余额为 500 万元，未计提存货跌价准备。库存商品 N 中，有 40% 已签订销售合同，合同价款为 230 万元，另 60% 未签订销售合同，按照一般市场价格预计售价为 290 万元，库存商品 N 的预计销售费用和税金为 25 万元。③ 库存 D 材料因企业改变生产结构，导致无法使用，准备对外销售，D 材料账面余额为 120 万元，预计销售价格为 110 万元，预计销售费用及相关税金为 5 万元，未计提跌价准备。④ 库存 A 材料 20 吨，每吨实际成本为 1 600 元，全部用于生产 Y 产品 10 件，Y 产品每件加工成本为 2 000 元，每件市场售价为 5 000 元，现有 8 件已签订销售合同，合同规定每件价格为 4 500 元，假定销售税费为销售价格的 10%，A 材料未计提存货跌价准备。

要求： 分析晟启公司存货是否计提减值准备，并编制会计分录。

8. 2024 年晟启公司（一般纳税人）发生以下业务（款项均使用转账支票结算）：① 5 月 10 日，发出 A 材料 2 000 千克委托长城公司加工，材料计划单价为 40 元/千克。② 5 月 10 日，支付发出加工物资的运输费 2 000 元及增值税 180 元。③ 5 月 31 日，结转发出加工材料成本差异，差异率为 -5%。④ 6 月 5 日，支付加工费用 23 000 元及增值税 2 990 元。同时支付加工环节消费税，税率为 10%。⑤ 6 月 6 日，支付收回加工物资运输费 2 100 元及增值税 189 元。⑥ 6 月 8 日，收回加工物资准备直接出售，按实际加工成本入账。

要求： 编制晟启公司上述业务的会计分录。

9. 晟启公司为增值税的一般纳税人。2024 年 10 月 1 日，"材料成本差异——D 材料"账户贷方余额为 2 000 元，"原材料——D 材料"账户余额为 200 000 元，数量为 10 000 千克；计划单位成本为 20 元/千克。本月购入 D 材料 10 000 千克，购入 D 材料取得的增值税专用发票上注明价款 180 000 元，增值税税额 23 400 元，另外还支付运输费 10 000 元及增值税税额 900 元；本月生产产品领用 D 材料 15 000 千克，月末结余 D 材料 5 000 千克。

要求：

（1）计算本月增加 D 材料的实际成本和计划成本。

（2）计算本月购入 D 材料的材料成本差异。

（3）计算本月 D 材料的材料成本差异率。

（4）计算本月领用 D 材料应分摊的材料成本差异。

（5）计算本月月末结余 D 材料的实际成本。

10. 晟启公司 2024 年 10 月 1 日甲材料结存 5 000 千克，"材料成本差异——甲材料"账户为贷方余额 2 000 元，材料计划单价为 10 元。2024 年 10 月份，晟启公司发生以下相关业务：① 10 月 3 日，购进甲材料 5 000 千克，买价 11 元/千克，增值税税率 13%，价款用商业汇票结算，当日办妥商业汇票承兑手续。② 10 月 4 日，用信用卡支付上述材料运输费 1 000 元及增值税 90 元。③ 10 月 5 日，上述材料全部验收入库。④ 10 月 10 日，生产产品领用甲材料 8 000 千克。⑤ 10 月 15 日，购入甲材料 10 000 千克，买价 9 元/千克，增值税税率 13%。运杂费由销售方承担，价款用转账支票支付，材料当日全部验收入库。⑥ 10 月 20 日，车间管理领用甲材料 5 000 千克。⑦ 10 月 28 日，厂部领用甲材料 3 000 千克。⑧ 10 月 31 日，结存甲材料 4 000 千克。⑨ 10 月 31 日，计算并结转发出材料的成本差异。

要求：编制晟启公司上述业务的会计分录。

任务二 固定资产核算

学习指导

一、固定资产核算的科目设置

表4-11　固定资产核算的科目设置

科　目	核　算　内　容
固定资产	核算企业固定资产的原价
累计折旧	"固定资产"的调整科目,核算企业固定资产的累计折旧
在建工程	核算企业基建、更新改造等在建工程发生的支出
工程物资	核算企业为在建工程而准备的各种物资的实际成本
固定资产清理	核算企业因出售、报废、毁损、对外投资、非货币性资产交换、债务重组等原因转入清理的固定资产价值以及在清理过程中发生的清理费用和清理收益
固定资产减值准备	"固定资产"的调整科目,核算固定资产发生的减值准备

二、取得固定资产的账务处理

表4-12　取得固定资产的账务处理

业务内容		账　务　处　理	固定资产成本
外购	不需要安装	借:固定资产 　　应交税费——应交增值税(进项税额) 　　贷:银行存款等	按实际支付的购买价款、相关税费、使固定资产达到预定可使用状态前发生的可归属于该资产的运输费、装卸费、安装费和专业人员服务费等作为固定资产的取得成本。其中,相关税费不包括按照现行增值税制度规定,可以从销项税额中抵扣的增值税进项税额
	需要安装	① 借:在建工程 　　　应交税费——应交增值税(进项税额) 　　　贷:银行存款等 ② 借:在建工程 　　　贷:银行存款、原材料等 ③ 借:固定资产 　　　贷:在建工程	购入固定资产取得成本的基础上加上安装调试成本作为入账成本

续　表

业务内容		账　务　处　理	固定资产成本
建造	自营	① 借：工程物资 　　应交税费——应交增值税(进项税额) 　贷：银行存款等 ② 借：在建工程 　贷：工程物资/原材料/应付职工薪酬/ 　　库存商品/银行存款等 ③ 借：固定资产 　贷：在建工程	企业自行建造固定资产,应当按照该资产达到预定可使用状态前所发生的必要支出,作为固定资产的成本
	出包	① 借：在建工程 　　应交税费——应交增值税(进项税额) 　贷：银行存款等 ② 借：固定资产 　贷：在建工程	企业支付给建造承包商的工程价款作为工程成本
投资者投入		借：固定资产 　应交税费——应交增值税(进项税额) 　贷：实收资本 　　资本公积——资本溢价	按投资合同或协议约定的价值加上应支付的相关税费作为固定资产的入账价值,但合同或协议约定价值不公允的除外
接受捐赠		借：固定资产 　应交税费——应交增值税(进项税额) 　贷：营业外收入	如果捐赠方提供了有关凭证,按凭据上注明的金额加上应支付的相关税费作为入账成本

　　注：企业以一笔款项购入多项没有单独标价的固定资产,应将各项资产单独确认为固定资产,并按各项固定资产公允价值的比例对总成本进行分配,分别确定各项固定资产的成本。

三、固定资产折旧的影响因素、折旧方法与账务处理

表4-13　固定资产折旧的影响因素、折旧方法与账务处理

影　响　因　素		原价、预计净残值、减值准备、使用寿命
折旧范围	空间范围	除已提足折旧仍继续使用的固定资产、单独计价入账的土地外,企业应当对所有固定资产计提折旧。 注：提前报废的固定资产、处于更新改造过程停止使用的固定资产、已全额计提减值准备的固定资产、持有待售的固定资产、融资租出的固定资产不计提折旧
	时间范围	① 当月增加的固定资产,下月起计提折旧;② 当月减少的固定资产,当月仍计提折旧;③ 已达到预定可使用状态但尚未办理竣工决算的固定资产,应当按照估计价值确定其成本,并计提折旧;待办理竣工决算后,再按实际成本调整原来的暂估价值,但不需要调整原已计提的折旧额

续　表

折旧方法	特　　点	计　算　公　式
平均年限法(直线法)	将固定资产的应计折旧额均衡地分摊到固定资产预计使用寿命内,计算的每期折旧额是相等的	年折旧率＝(1－预计净残值率)÷预计使用寿命 年折旧额＝固定资产原价×年折旧率
工作量法	按每期实际工作量计算折旧金额	单位工作量折旧额＝固定资产原价×(1－预计净残值率)÷预计总工作量
双倍余额递减法	前期不考虑净残值,折旧率固定,折旧基数逐期减少,最后2年改为年限平均法	年折旧率＝2÷预计使用寿命×100% 年折旧额＝每个折旧年度年初固定资产面净值×年折旧率
年数总和法	考虑净残值,折旧基数不变,折旧率逐年减少	年折旧率＝尚可使用年限÷预计使用寿命的年数总和×100% 年折旧额＝(固定资产原价－预计净残值)×年折旧率
账务处理	借:制造费用(用于生产车间) 　　管理费用(用于行政管理部门) 　　销售费用(用于销售部门) 　　在建工程(用于工程建设) 　　研发支出(用于项目研发) 　　其他业务成本(用于经营出租) 　贷:累计折旧	

四、固定资产后续支出的账务处理

表4-14　固定资产后续支出的账务处理

业务内容	账　务　处　理
资本化后续支出	① 固定资产投入更新改造: 借:在建工程 　　累计折旧 　　固定资产减值准备 　贷:固定资产 ② 发生更新改造支出: 借:在建工程 　贷:银行存款/应付职工薪酬/工程物资/原材料等 ③ 拆除(被替换)部分零部件: 借:营业外支出(净损失) 　　库存现金等(变价收入) 　贷:在建工程(拆除部分的账面价值)

微课:固定资产后续支出与减值的核算

续　表

业 务 内 容	账 务 处 理
资本化后续支出	④ 达到预定可使用状态： 借：固定资产 　　贷：在建工程
费用化后续支出	借：管理费用(生产车间、行政管理部门) 　　销售费用(销售机构) 　　应交税费——应交增值税(进项税额) 　　贷：原材料/应付职工薪酬/银行存款等

五、固定资产清查的账务处理

表 4-15　固定资产清查的账务处理

业 务 内 容	账 务 处 理
固定资产盘盈	按前期差错处理 ① 盘盈固定资产时： 借：固定资产(重置成本) 　　贷：以前年度损益调整 ② 因以前年度损益增加而调整所得税费用时： 借：以前年度损益调整 　　贷：应交税费——应交所得税 ③ 结转以前年度损益调整时： 借：以前年度损益调整 　　贷：盈余公积——法定盈余公积 　　　　利润分配——未分配利润
固定资产盘亏	① 盘亏固定资产时： 借：待处理财产损溢——待处理固定资产损溢 　　累计折旧 　　固定资产减值准备 　　贷：固定资产 ② 报经批准转销盘亏损失时： 借：营业外支出——盘亏损失 　　其他应收款(保险赔款或责任人赔款) 　　贷：待处理财产损溢——待处理固定资产损溢 注：根据现行增值税制度规定,购进货物及不动产发生非正常损失,其负担的进项税额不得抵扣

六、固定资产减值的账务处理

表 4-16　固定资产减值的账务处理

原理	固定资产在资产负债表日存在可能发生减值的迹象时,其可收回金额低于账面价值的,企业应当将该固定资产的账面价值减记至可收回金额,减记的金额确认为减值损失计入当期损益	
步　骤	项　目	金　额
1	账面价值	固定资产原值-累计折旧-固定资产减值准备
2	可收回金额	根据固定资产的公允价值减去处置费用后的净额与资产预计未来现金流量现值两者较高者确认
3	减值损失	账面价值-可收回金额
账务处理	借:资产减值损失——计提的固定资产减值准备 　　贷:固定资产减值准备 注:企业固定资产减值损失一经确认,在以后会计期间不得转回	

七、固定资产处置的账务处理

表 4-17　固定资产处置的账务处理

业务内容	账　务　处　理
转入清理	借:固定资产清理(账面价值) 　　累计折旧 　　固定资产减值准备 　　贷:固定资产 注:已抵扣进项税额的固定资产,发生非正常损失或改变用途,用于简易计税方法计税项目、免征增值税项目、集体福利或个人消费的,应将进项税额转出
发生清理费用	借:固定资产清理 　　应交税费——应交增值税(进项税额) 　　贷:银行存款等
取得残料价值和变价收入、赔款	借:原材料(残料) 　　银行存款(变价收入) 　　其他应收款(应收赔款) 　　贷:固定资产清理 　　　　应交税费——应交增值税(销项税额)
结转清理净损益	借:营业外支出(报废、毁损净损失) 　　资产处置损益(出售、转让净损失) 　　贷:固定资产清理

续　表

业 务 内 容	账 务 处 理
结转清理净损益	借:固定资产清理 　　贷:营业外收入(报废、毁损净收益) 　　　　资产处置损益(出售、转让利得)

 技能测试

一、单项选择题

1. 固定资产的特征不包括(　　)。

A. 为生产商品、提供劳务而持有　　　　B. 为出租或经营管理而持有

C. 单位价值较高　　　　　　　　　　　D. 使用寿命超过一个会计年度

2. 企业购入需要安装的固定资产发生的安装费用应记入(　　)账户。

A. "固定资产"　　B. "在建工程"　　C. "管理费用"　　D. "营业外支出"

3. 购入的需要安装的固定资产增值税进项税额计入(　　)。

A. 固定资产　　　　B. 营业外支出　　　C. 在建工程　　　D. 应交税费

4. 下列各项中,不应计入固定资产入账价值的是(　　)。

A. 固定资产购入过程中发生的运杂费支出

B. 固定资产达到预定可使用状态前发生的借款利息(符合资本化条件)

C. 固定资产达到预定可使用状态后至竣工决算前发生的借款利息

D. 外购固定资产的安装费和专业人员服务费

5. 晟启公司的注册资本为 150 万元。2024 年 6 月 25 日,晟启公司接受乙公司以一台设备进行投资。该台设备的原价为 84 万元,已计提折旧 24.93 万元,投资各方经协商确认的价值为 54 万元,占晟启公司注册资本的 30%。假定不考虑其他相关税费,晟启公司的固定资产入账价值为(　　)万元。

A. 45　　　　　　　B. 84　　　　　　　C. 49.07　　　　　　D. 54

6. 关于固定资产的使用寿命、预计净残值和折旧方法,下列说法正确的是(　　)。

A. 与固定资产有关的经济利益预期实现方式有重大改变的,应当改变固定资产折旧方法

B. 与固定资产有关的经济利益预期实现方式有重大改变的,应当调整固定资产的使用寿命

C. 与固定资产有关的经济利益预期实现方式有重大改变的,应当调整预计净残值

D. 使用寿命预计数与原先估计数有差异的,应当调整固定资产使用寿命和折旧方法

7. 下列各项中,应计提折旧的是(　　)。

A. 当月新增加的固定资产　　　　　　　B. 已提足折旧仍继续使用的固定资产

C. 单独计价入账的土地　　　　　　　　D. 当月减少的固定资产

8. 某企业于 2024 年 12 月 31 日购入一项固定资产,其原价为 200 万元,预计使用年限为 5 年,预计净残值为 0.8 万元,采用双倍余额递减法计提折旧。2025 年该项固定资产

应计提的年折旧额为(   )万元。

    A. 39.84   B. 66.4   C. 79.68   D. 80

9. 企业 2024 年 3 月购入并投入使用不需要安装的设备一台,原值为 860 万元,预计使用年限为 5 年,预计净残值为 2 万元,采用双倍余额递减法计提折旧,则企业在 2025 年应计提的年折旧额为(   )万元。

    A. 344   B. 240.8   C. 206.4   D. 258

10. 某项固定资产的原值为 200 000 元,预计净残值为 2 000 元,预计使用年限为 5 年。则在年数总和法下第二年的折旧额为(   )元。

    A. 26 400   B. 52 800   C. 40 000   D. 39 600

11. 与平均年限法相比,采用年数总和法对固定资产计提折旧将使(   )。

    A. 计提折旧的初期,企业利润减少,固定资产原值减少

    B. 计提折旧的初期,企业利润减少,固定资产净值减少

    C. 计提折旧的后期,企业利润减少,固定资产原值减少

    D. 计提折旧的后期,企业利润减少,固定资产净值减少

12. 某企业对一座建筑物进行改建。该建筑物的原价为 100 万元,已计提折旧 60 万元。改建过程中发生支出 30 万元。被替换部分固定资产的账面价值为 5 万元。该建筑物改建后的入账价值为(   )万元。

    A. 65   B. 70   C. 125   D. 130

13. 某企业出售一台设备,原价为 160 000 元,折旧为 45 000 元,发生各种清理费用 3 000 元,出售设备所得价款 113 000 元。出售净收益为(   )元。

    A. -2 000   B. 2 000   C. 5 000   D. -5 000

14. 某企业 2022 年 12 月 31 日购入一台设备,入账价值为 200 万元,预计使用寿命为 10 年,预计净残值为 20 万元,采用年限平均法计提折旧。2024 年 12 月 31 日该设备存在减值迹象,经测试预计可收回金额为 120 万元。2024 年 12 月 31 日,该设备的账面价值应为(   )万元。

    A. 120   B. 160   C. 180   D. 182

15. 对固定资产多提折旧将使企业资产负债表中的(   )。

    A. 负债增加   B. 资产净值减少

    C. 资产净值增加   D. 对资产和负债均无影响

16. 晟启公司一生产线的账面原值为 400 000 元,预计净残值率为 10%,预计使用年限为 5 年,采用双倍余额递减法计提折旧。该设备在使用 3 年后提前报废,报废时发生清理费用 3 000 元,取得残值收入 6 000 元。则该设备报废对企业当期税前利润的影响额为(   )元。

    A. -83 400   B. -40 200   C. -41 560   D. -38 700

17. 办公用固定资产发生的支出中,计入当期损益的是(   )。

    A. 购入时发生的安装费用   B. 购入时发生的装卸费

    C. 购入时发生的运输费   D. 后续使用发生的日常维护修理费

18. 当固定资产的可收回金额低于其账面价值时,企业应该计提固定资产减值准备,计提减值准备会计分录的借方账户是(   )。

A. "资产减值损失"   B. "营业外支出"

C. "管理费用"   D. "投资收益"

19. 企业固定资产盘亏时应通过(　　　)账户核算。

A. "在建工程"   B. "固定资产清理"

C. "待处理财产损溢"   D. "管理费用"

20. 甲企业购入三项没有单独标价的固定资产 A、B、C,均不需要安装。实际支付的价款总额为 100 万元。其中,固定资产 A 的公允价值为 60 万元,固定资产 B 的公允价值为 40 万元,固定资产 C 的公允价值为 20 万元(假定不考虑增值税问题)。固定资产 A 的入账价值为(　　　)万元。

A. 60   B. 50   C. 100   D. 120

二、多项选择题

1. 购入的固定资产,其入账价值包括(　　　　　)。

A. 买价   B. 运杂费   C. 途中保险费   D. 进口关税

2. 下列项目中,需记入"在建工程"账户的有(　　　　　)。

A. 不需安装的固定资产

B. 需要安装的固定资产

C. 固定资产的改扩建

D. 应计入固定资产账面价值以外的后续支出

3. 自营方式建造固定资产,应计入固定资产取得成本的有(　　　　　)。

A. 工程项目耗用的工程物资

B. 在建工程人员工资

C. 生产车间为工程提供的水、电等费用

D. 企业行政管理部门为组织和管理生产经营活动而发生的费用

4. 下列各项中,影响固定资产折旧的因素有(　　　　　)。

A. 预计净残值   B. 原价

C. 已计提的减值准备   D. 使用寿命

5. 下列关于固定资产计提折旧的表述中,正确的有(　　　　　)。

A. 提前报废的固定资产不再补提折旧

B. 固定资产折旧方法一经确定不得改变

C. 已提足折旧但仍继续使用的固定资产不再计提折旧

D. 自行建造的固定资产应自办理竣工决算时开始计提折旧

6. 下列各项固定资产中,应当计提折旧的有(　　　　　)。

A. 闲置的固定资产   B. 单独计价入账的土地

C. 经营租出的固定资产   D. 已提足折旧仍继续使用的固定资产

7. 企业确定固定资产使用寿命时,应当考虑(　　　　　)因素。

A. 预计生产能力   B. 实物产量

C. 预计有形损耗和无形损耗   D. 法律或者类似规定对资产使用的限制

8. 双倍余额递减法和年数总和法计算累计折旧方法的共同点有(　　　　　)。

　　A. 属于加速折旧法　　　　　　　　B. 每期折旧率固定

　　C. 前期折旧高,后期折旧低　　　　　D. 不考虑净残值

9. 固定资产计提折旧时,需要考虑固定资产净残值的折旧方法有(　　　　　)。

　　A. 年限平均法　　　　　　　　　　B. 工作量法

　　C. 双倍余额递减法　　　　　　　　D. 年数总和法

10. 固定资产计提折旧时,其折旧额应根据不同情况分别计入(　　　　　)。

　　A. 管理费用　　　B. 制造费用　　　C. 财务费用　　　D. 其他业务成本

11. 关于固定资产的使用寿命、预计净残值和折旧方法,下列说法正确的有(　　　　　)。

　　A. 至少每年终了,对固定资产使用寿命、预计净残值和折旧方法复核

　　B. 使用寿命预计数与原先估计数有差异的,应调整固定资产使用寿命

　　C. 预计净残值预计数与原先估计数有差异的,应当调整预计净残值

　　D. 固定资产折旧方法的改变应当作为会计政策变更

12. 下列各项中,应通过"固定资产清理"账户核算的有(　　　　　)。

　　A. 盘亏的固定资产　　　　　　　　B. 出售的固定资产

　　C. 报废的固定资产　　　　　　　　D. 损毁的固定资产

13. 企业结转固定资产清理净损益时,可能涉及的会计账户有(　　　　　)。

　　A. 管理费用　　　　　　　　　　　B. 资产处置损益

　　C. 营业外支出　　　　　　　　　　D. 财务费用

14. 下列各项中,会引起固定资产账面价值发生变化的有(　　　　　)。

　　A. 计提固定资产减值准备　　　　　B. 计提固定资产折旧

　　C. 固定资产改扩建　　　　　　　　D. 固定资产大修理

15. 确定固定资产处置损益时,应考虑的因素有(　　　　　)。

　　A. 累计折旧　　　　　　　　　　　B. 城建税、教育费附加

　　C. 固定资产减值准备　　　　　　　D. 清理人工费用

16. "固定资产清理"账户的贷方登记的项目有(　　　　　)。

　　A. 转入清理的固定资产净值　　　　B. 变价收入

　　C. 结转的清理净收益　　　　　　　D. 结转的清理净损失

17. 下列关于固定资产会计处理的表述中,正确的有(　　　　　)。

　　A. 固定资产折旧方法一经确定,不得改变

　　B. 固定资产减值损失一经确认,在以后会计期间不得转回

　　C. 季节性停用的固定资产,不停止计提折旧

　　D. 自行建造的固定资产,应自办理竣工决算时开始计提折旧

18. 晟启公司是一家商贸公司,属于增值税一般纳税人,税收政策规定,取得的作为固定资产核算的不动产或不动产在建工程,适用的增值税税率为9%。2024 年 5 月 1 日晟启公司购入一栋办公楼,买价为 4 000 万元,增值税税额为 360 万元,房屋中介费为 20万元,其他相关税费为 50 万元,假定增值税进项税额在取得资产时进行一次性抵扣,不考虑中介费的增值税。下列关于该固定资产的描述中,正确的有(　　　　　)。

　　A. 办公楼的入账成本为 4 070 万元

　　B. 此办公楼的进项税额当年可抵扣 360 万元

C. 此办公楼如为自建,其工程物资的进项税额可以抵扣

D. 此办公楼如为自建,其工程领用产品时无需作视同销售处理

三、判断题

1. 企业自行建造固定资产,应按建造该项资产竣工决算前所发生的必要支出,作为固定资产的成本。 （　　）

2. 企业采用出包方式建造固定资产时,按合同规定向建造承包商预付的款项,应在资产负债表中列示为流动资产。 （　　）

3. 对于已达到预定可使用状态但尚未办理竣工决算的固定资产,待竣工决算后,若实际成本与原暂估价值存在差异的,应调整已计提的折旧。 （　　）

4. 企业在计提固定资产折旧时,当月增加的固定资产当月计提折旧,当月减少的固定资产当月不计提折旧。 （　　）

5. 工作量法计提折旧的特点是每年提取的折旧额相等。 （　　）

6. 按双倍余额递减法计提的折旧额大于按年限平均法计提的折旧额。 （　　）

7. 与固定资产相关的后续支出,应当计入固定资产成本。 （　　）

8. 折旧方法的选择只影响资产负债表中的资产总额,并不影响净利润。 （　　）

9. 盘盈固定资产通过“待处理财产损溢”账户核算。 （　　）

10. 固定资产出售、报废、毁损的净损益,均应计入营业外收入。 （　　）

11. 以出包方式形成的固定资产,建设期间的工程物资盘亏、报废及毁损净损失以及联合试车费等应计入待摊支出。 （　　）

12. 正常报废和非正常报废的固定资产均应通过“固定资产清理”账户核算。 （　　）

13. 固定资产的减值准备,一经确认,不得转回。 （　　）

14. 在建工程进行负荷联合试车发生的费用,应计入试车所生产的产品成本中。 （　　）

15. 固定资产盘亏时,扣除保险公司、责任人等赔偿后,盘亏的净损失应该计入营业外支出。 （　　）

16. 企业接受投资者投入的一项固定资产,按照投资合同或者协议约定的价值入账。 （　　）

17. 公司各部门使用的固定资产在进行修理时发生的修理费用均应计入管理费用,包括专设销售机构的修理费用。 （　　）

18. 年数总和法是将固定资产的原值减去残值后的净额乘以一个逐年递减的分数计算确定固定资产折旧额的一种方法。 （　　）

19. 以一笔款项购入多项没有单独标价的固定资产,应当按照各项固定资产的账面价值比例对总成本进行分配,分别确定各项固定资产的成本。 （　　）

🏠 实训操作

1. 晟启公司为增值税一般纳税人,2024 年购入一台需安装的设备,买价为 300 000元,增值税税额为 39 000 元,另支付运杂费 3 000 元,所有款项已用银行存款支付,根据税法规定增值税可以抵扣。该设备安装过程中,领用生产用原材料 50 000 元(不含增值税),应负担安装人员工资 147 000 元,已安装完毕交付使用。

要求：编制晟启公司购入设备的相关会计分录。

2. 晟启公司对机器设备采用双倍余额递减法计提折旧。2023 年 12 月 20 日,晟启公司购入一台不需要安装机器设备,价款 117 000 元,增值税税额 15 210 元,另支付保险费 2 000 元、包装费 1 000 元,款项均以银行存款支付。该设备即日起投入基本生产车间使用,预计可使用 5 年,预计净残值为 5 000 元,假定不考虑固定资产减值因素。
　要求：
　(1) 编制晟启公司购入设备时的会计分录。
　(2) 分别计算晟启公司 2024 年度至 2027 年度每年的折旧额。
　(3) 编制晟启公司 2024 年年末计提折旧时的会计分录。

3. 晟启公司 2024 年购入一台需要安装的设备,买价 600 000 元,增值税税额 78 000 元,运杂费 18 000 元,上述款项以银行存款支付。安装工程中领用工程物资 50 000 元,支付工程人员工资 30 000 元,设备于 12 月交付使用。预计净残值率为 10%,预计使用年限为 5 年,采用年数总和法计提折旧。
　要求：
　(1) 计算该设备的入账价值。
　(2) 编制取得该设备的会计分录。
　(3) 计算该设备 2025 年和 2026 年应计提的折旧额。

4. 晟启公司为增值税一般纳税人,适用的增值税税率为13%,其中2024年至2028年与固定资产有关的业务资料如下:

(1) 2024年3月12日,晟启公司购进一台需要安装的生产用设备,取得的增值税专用发票上注明的设备价款为450万元,增值税税额为72万元,另发生运杂费2万元,款项以银行存款支付;在安装期间,领用企业原材料50万元,该批原材料取得时的增值税进项税额为8万元;领用一批工程物资,不含税价款为25万元,以银行存款支付其他相关支出33万元。该设备于2024年6月20日达到预定可使用状态,预计使用年限为5年,预计净残值为5万元,采用双倍余额递减法计提折旧。

(2) 2025年12月31日,晟启公司对该设备进行检查时发现其已经发生减值,预计可收回金额为240万元;计提减值准备后,该设备预计剩余使用年限为3年,预计净残值、折旧方法保持不变。

(3) 2026年12月31日,晟启公司因生产经营方向调整,决定采用出包方式对该设备进行改良,改良工程验收合格后支付工程价款。该设备于当日停止使用,开始进行改良。

(4) 2027年3月12日,改良工程完工并验收合格,晟启公司以银行存款支付工程总价款56万元。当日,改良后的设备投入使用,预计尚可使用年限为8年,采用年限平均法计提折旧,预计净残值为16万元。2027年12月31日,该设备发生日常维护修理支出0.5万元,已用银行存款支付。

(5) 2028年12月31日,该设备因遭受自然灾害发生严重毁损,晟启公司决定对其进行出售,取得残料变价收入30万元,应收保险公司赔偿款50万元,发生清理费用2万元;款项均以银行存款收付,不考虑设备出售的相关税费。(答案中的金额单位用万元表示。)

要求:

(1) 编制2024年固定资产购建的会计分录。

(2) 计算2024年、2025年该设备计提的折旧额。

(3) 计算2025年12月31日该设备计提的固定资产减值准备,并编制相应的会计分录。

(4) 计算2026年该设备计提的折旧额。

(5) 编制2026年12月31日该设备转入改良时的会计分录。

(6) 编制2027年3月12日支付该设备改良价款、结转改良后设备成本的会计分录。

(7) 编制2027年日常修理支出的账务处理。

(8) 计算2027年、2028年度该设备计提的折旧额。

(9) 计算2028年12月31日处置该设备实现的净损益,并编制处置该设备的相关会计分录。

5. 晟启公司系增值税一般纳税人,2024 年至 2027 年与固定资产业务相关的资料如下:

(1) 2024 年 12 月 5 日,晟启公司以银行存款购入一套不需安装的大型生产设备,取得的增值税专用发票上注明的价款为 5 000 万元,增值税税额为 650 万元。

(2) 2024 年 12 月 31 日,该设备投入使用,预计使用年限为 5 年,预计净残值为 50 万元,采用年数总和法按年计提折旧。

(3) 2026 年 12 月 31 日,该设备出现减值迹象。预计未来现金流量的现值为 1 500 万元,公允价值减去处置费用后的净额为 1 800 万元,晟启公司对该设备计提减值准备后,根据新获得的信息预计其剩余使用年限仍为 3 年,预计净残值为 30 万元,仍采用年数总和法按年计提折旧。

(4) 2027 年 12 月 31 日,晟启公司售出该设备,开具的增值税专用发票上注明的价款为 900 万元,增值税税额为 117 万元,款项已收存银行,另以银行存款支付清理费用 2 万元。假定不考虑其他因素。

要求:

(1) 编制晟启公司 2024 年 12 月 5 日购入该设备的会计分录。

(2) 分别计算晟启公司 2025 年和 2026 年对该设备应计提的折旧金额。

(3) 计算晟启公司 2026 年 12 月 31 日对该设备计提减值准备的金额,并编制相关会计分录。

(4) 计算晟启公司 2027 年对该设备应计提的折旧金额,并编制相关会计分录。

(5) 编制晟启公司 2027 年 12 月 31 日出售该设备的会计分录。

任务三与任务四 无形资产与投资性房地产核算

学习指导

一、无形资产核算的科目设置

表 4 - 18　无形资产核算的科目设置

科　目	账　务　处　理
无形资产	核算企业持有的无形资产成本
研发支出	核算企业自行研究开发无形资产过程中发生的各项支出

续　表

科　目	账　务　处　理
累计摊销	"无形资产"的调整科目,核算企业对使用寿命有限的无形资产的累计摊销
无形资产减值准备	核算企业计提的无形资产减值准备金额

二、取得无形资产的账务处理

表 4 - 19　取得无形资产的账务处理

科　目	账　务　处　理	无形资产成本
外购无形资产	借:无形资产 　　应交税费——应交增值税(进项税额) 　　贷:银行存款等	外购无形资产的成本包括购买价款、相关税费以及直接归属于使该资产达到预定用途所发生的其他支出。其中,相关税费不包括按照现行增值税制度规定,可以从销项税额中抵扣的增值税进项税额
自行研发无形资产	发生研发支出时: 借:研发支出——资本化支出 　　　　　　　——费用化支出 　　应交税费——应交增值税(进项税额) 　　　贷:银行存款等 期末: 借:管理费用 　　贷:研发支出——费用化支出 无形资产达到预定可使用状态时: 借:无形资产 　　贷:研发支出——资本化支出	自行研发分为两个阶段: 研究阶段: 发生时一般作费用化支出处理,期末结转入"管理费用"。 开发阶段: 发生时分为两种情况:一是不满足资本化条件时,作费用化支出处理;二是满足资本化条件时,作资本化支出处理,达到预定可使用状态时转入"无形资产"

三、无形资产摊销的账务处理

表 4 - 20　无形资产摊销的账务处理

项　目		内　容
摊销范围	空间范围	① 使用寿命有限的无形资产,应进行摊销。 ② 使用寿命不确定的无形资产,在持有期间内不需要进行摊销,但应当至少在每年年度终了时进行减值测试
	时间范围	使用寿命有限的无形资产应当自可供使用(即其达到预定用途)当月开始摊销,处置当月不再摊销

项　　目	内　　　容
摊销方法	摊销方法包括年限平均法、生产总量法等。企业选择的无形资产摊销方法应当反映与该项无形资产有关的经济利益的预期消耗方式。无法可靠确定预期消耗方式的,应当采用平均年限法摊销
账务处理	借:管理费用(用于管理) 　其他业务成本(用于出租) 　制造费用等(用于生产产品或其他资产) 　贷:累计摊销

四、无形资产减值的账务处理

表 4-21　无形资产减值的账务处理

业务内容	账　务　处　理
无形资产减值准备	在资产负债表日,无形资产的可收回金额低于其账面价值的,按其差额计提减值准备: 借:资产减值损失 　贷:无形资产减值准备 减值准备一经计提,在以后期间不得转回

五、无形资产处置的账务处理

表 4-22　无形资产处置的账务处理

业务内容	账　务　处　理
出售	借:银行存款等 　累计摊销 　无形资产减值准备 　资产处置损益(出售发生损失时) 　贷:无形资产 　　应交税费——应交增值税(销项税额) 　　资产处置损益(出售实现收益时)
出租	借:银行存款等 　贷:其他业务收入 　　应交税费——应交增值税(销项税额) 借:其他业务成本 　贷:累计摊销
报废	借:累计摊销 　无形资产减值准备 　营业外支出 　贷:无形资产

六、投资性房地产的范围

表 4 - 23 投资性房地产的范围

范　　围	注　意　问　题
已出租的土地使用权	以经营租赁方式租入土地使用权再转租给其他单位的,不能确认为投资性房地产
持有并准备增值后转让的土地使用权	按照国家有关规定认定的闲置土地,不属于投资性房地产
已出租的建筑物	(1) 用于出租的建筑物是指企业拥有产权的建筑物,企业以经营租赁方式租入再转租的建筑物不属于投资性房地产。 (2) 已出租的建筑物是企业已经与其他方签订了租赁协议,约定以经营租赁方式出租的建筑物。 (3) 企业将建筑物出租,按租赁协议向承租人提供的相关辅助服务在整个协议中不重大的,应当将该建筑物确认为投资性房地产
不属于投资性房地产	(1) 自用房地产,即为生产商品、提供劳务或者经营管理而持有的房地产,包括自用建筑物(固定资产)和自用土地使用权(无形资产)。 (2) 作为存货的房地产,通常指房地产开发企业在正常经营过程中销售的或为销售而正在开发的商品房和土地

七、采用成本模式计量的投资性房地产核算的科目设置

表 4 - 24 采用成本模式计量的投资性房地产核算的科目设置

科　　目	核　算　内　容
投资性房地产	核算企业投资性房地产的成本
投资性房地产累计折旧(摊销)	参考"累计折旧""累计摊销"科目进行账务处理
投资性房地产减值准备	参考"固定资产减值准备""无形资产减值准备"科目进行账务处理
其他业务收入	核算企业投资性房地产取得租金收入、处置投资性房地产实现的收入
其他业务成本	核算投资性房地产计提的折旧或进行摊销、处置投资性房地产结转的成本

八、采用成本模式计量的投资性房地产的账务处理

表 4 - 25 采用成本模式计量的投资性房地产的账务处理

业 务 内 容	账 务 处 理
外购	借：投资性房地产 　　应交税费——应交增值税(进项税额) 　贷：银行存款等
自行建造	借：投资性房地产 　贷：在建工程 借：投资性房地产——已出租土地使用权 　贷：无形资产——土地使用权
转换取得	借：投资性房地产 　　投资性房地产累计折旧(累计摊销) 　　固定资产减值准备(无形资产减值准备) 　贷：固定资产(无形资产) 　　　投资性房地产累计折旧 　　　投资性房地产减值准备 借：投资性房地产 　　存货跌价准备 　贷：开发产品
后续计量	计提折旧(摊销)： 借：其他业务成本 　贷：投资性房地产累计折旧(累计摊销) 确认租金： 借：银行存款等 　贷：其他业务收入 　　　应交税费——应交增值税(销项税额) 计提减值准备： 借：资产减值损失 　贷：投资性房地产减值准备
处置	确认处置收入： 借：银行存款等 　贷：其他业务收入 　　　应交税费——应交增值税(销项税额) 结转处置成本： 借：其他业务成本 　　投资性房地产累计折旧(累计摊销) 　　投资性房地产减值准备 　贷：投资性房地产

九、采用公允价值模式计量的投资性房地产核算的科目设置

表 4 – 26 采用公允价值模式计量的投资性房地产核算的科目设置

科　目	核　算　内　容
投资性房地产——成本	核算投资性房地产取得时的入账成本
投资性房地产——公允价值变动	核算会计期末按照公允价值计量的投资性房地产公允价值与原账面价值之间的差额
公允价值变动损益	核算企业交易性金融资产、投资性房地产等采用公允价值计量的资产公允价值变动形成的应计入当期损益的利得和损失
其他业务收入	核算企业投资性房地产取得租金收入、处置投资性房地产实现的收入
其他业务成本	核算处置投资性房地产结转的成本

十、采用公允价值模式计量的投资性房地产的账务处理

表 4 – 27 采用公允价值模式计量的投资性房地产的账务处理

业务内容	账　务　处　理
外购	借：投资性房地产——成本 　　应交税费——应交增值税(进项税额) 　贷：银行存款等
自行建造	借：投资性房地产——成本 　贷：在建工程 借：投资性房地产——已出租土地使用权(成本) 　贷：无形资产——土地使用权
转换取得	借：投资性房地产——成本(转换日的公允价值) 　　投资性房地产累计折旧(累计摊销) 　　固定资产减值准备(无形资产减值准备) 　　公允价值变动损益(公允价值小于账面价值时) 　贷：固定资产(无形资产) 　　　其他综合收益(公允价值大于账面价值时)
后续计量	期末公允价值上升时： 借：投资性房地产——公允价值变动 　贷：公允价值变动损益 期末公允价值下跌时： 借：公允价值变动损益 　贷：投资性房地产——公允价值变动 确认租金时： 借：银行存款等 　贷：其他业务收入 　　　应交税费——应交增值税(销项税额)

续 表

业 务 内 容	账 务 处 理
处 置	确认处置收入: 借:银行存款等 　　　贷:其他业务收入 　　　　　应交税费——应交增值税(销项税额) 结转处置成本: 借:其他业务成本 　　　贷:投资性房地产——成本 　　　　　　　　　　——公允价值变动(借或贷) 结转公允价值变动损益、其他综合收益: 借:其他业务成本 　　　贷:公允价值变动损益 　　　　　其他综合收益 或编制相反的会计分录

✎ 技能测试

一、单项选择题

1. 下列有关无形资产的会计处理中,正确的是( )。

　　A. 将自创商誉确认为无形资产

　　B. 将转让使用权的无形资产的摊销价值计入营业外支出

　　C. 将转让所有权的无形资产的账面价值计入其他业务成本

　　D. 将预期不能为企业带来经济利益的无形资产的账面价值转销

2. 2024 年 1 月 1 日,晟启公司董事会已决议将自用的房屋作为投资性房地产核算,并采用公允价值模式计量。房屋原价 160 万元,累计折旧为 40 万元,公允价值为 130 万元。下列会计处理正确的是( )。

　　A. 确认其他综合收益 10 万元　　　　　B. 确认营业外收入 10 万元

　　C. 确认投资收益 10 万元　　　　　　　D. 确认公允价值变动损益 10 万元

3. 2024 年 2 月 5 日,晟启公司以 1 000 万元的价格从产权交易中心竞价获得一项专利权,另支付相关税费 180 万元。为推广由该专利权生产的产品,晟启公司发生宣传广告费用 25 万元、展览费 15 万元,上述款项均用银行存款支付。晟启公司取得该项无形资产的入账价值为( )万元。

　　A. 1 180　　　　　B. 1 000　　　　　C. 1 205　　　　　D. 1 220

4. 企业将作为存货商品房转换为采用公允价值模式后续计量投资性房地产时,商品房公允价值高于账面价值的差额应当记入的项目是( )。

　　A. 其他综合收益　　B. 投资收益　　　C. 营业外收入　　D. 公允价值变动损益

5. 企业将作为存货的商品房转换为采用公允价值模式后续计量的投资性房地产时,商品房公允价值低于账面价值的差额应当记入的项目是( )。

　　A. 资本公积　　　　　　　　　　　　B. 投资收益

C. 营业外收入　　　　　　　　　　D. 公允价值变动损益

6. 某企业出售商标权取得收入 200 万元,成本为 100 万元,按 10 年摊销,增值税税率为 6%。不考虑其他税费,企业已使用该专利权 3 年。则出售影响当期损益金额(　　　)万元。

    A. 118　　　　　　B. 120　　　　　　C. 100　　　　　　D. 90

7. 无形资产摊销方法一般采用(　　　)。

    A. 直线摊销法　　B. 分次摊销法　　C. 一次摊销法　　D. 五五摊销法

8. 甲公司研制新技术,耗费材料 80 000 元,工人费用 40 000 元,申请专利注册登记费 30 000 元,聘请律师费 5 000 元,专利入账价值为(　　　)元。

    A. 150 000　　　　B. 120 000　　　　C. 155 000　　　　D. 80 000

9. 下列项目中,属于外购投资性房地产的是(　　　)。

    A. 企业购入的写字楼直接出租

    B. 企业购入的土地准备建造办公楼

    C. 企业购入的土地准备建造办公楼,之后改为持有以备增值

    D. 企业购入的写字楼自用 2 年后再出租

10. 下列关于投资性房地产核算的表述中,正确的是(　　　)。

    A. 采用成本模式计量的投资性房地产,不需要确认减值损失

    B. 公允价值模式计量的投资性房地产,可转换为成本模式计量

    C. 公允价值模式计量投资性房地产,公允价值变动金额计入资本公积

    D. 成本模式计量投资性房地产,可转换为公允价值模式计量

二、多项选择题

1. 在会计实务中,自创专利权的成本可能包括(　　　)。

    A. 研究成本　　　B. 登记注册费　　C. 聘请律师费　　D. 开发成本

2. 无形资产摊销可以计入(　　　)。

    A. 制造费用　　　B. 管理费用　　　C. 其他业务成本　　D. 资产减值损失

3. 下列关于无形资产会计处理的表述中,正确的有(　　　)。

    A. 当月增加的使用寿命有限的无形资产,从当月开始摊销

    B. 无形资产摊销方法应当反映其经济利益的预期实现方式

    C. 价款支付具有融资性质的无形资产以总价款确定初始成本

    D. 使用寿命不确定的无形资产,不应摊销

4. 下列关于无形资产会计处理的表述中,正确的有(　　　)。

    A. 内部产生的商誉不应确认为无形资产

    B. 计提的无形资产减值准备在该资产价值恢复时应予转回

    C. 使用寿命不确定的无形资产,账面价值应按 10 年平均摊销

    D. 以支付土地出让金方式取得自用土地使用权应单独确认为无形资产

5. 下列各项中,属于投资性房地产的有(　　　)。

    A. 持有并准备增值后转让的土地使用权

    B. 待出租的建筑物

    C. 已出租的土地使用权

    D. 以经营租赁方式租入后再转租的建筑物

6. 以下有关土地使用权的会计处理中,正确的有(　　　　)。

    A. 自行开发建造厂房等建筑物土地使用权与建筑应分别摊销和折旧

    B. 外购土地使用权及建筑物支付的价款应当在建筑物与土地使用权之间进行分配

    C. 外购土地使用权及建筑物支付的价款难以在建筑物与土地使用权之间进行分配的,应当全部作为固定资产

    D. 房地产开发企业取得的用于对外出售房屋土地使用权,计入房屋成本

7. 下列各项中,属于投资性房地产的有(　　　　)。

    A. 企业生产经营用的厂房

    B. 房地产开发企业的开发产品

    C. 企业以经营租赁方式租出的写字楼

    D. 企业持有拟增值后转让的土地使用权

8. 关于投资性房地产的后续计量,下列说法错误的有(　　　　)。

    A. 采用公允价值模式计量的,不对投资性房产计提折旧

    B. 采用公允价值模式计量的,应对投资性房产计提折旧

    C. 采用公允价值模式计量的投资性房地产,不得转为成本模式

    D. 采用成本模式计量的投资性房地产,不得转为公允价值模式

9. 下列有关投资性房地产后续计量会计处理的表述中,正确的有(　　　　)。

    A. 不同企业可以分别采用成本模式或公允价值模式

    B. 满足特定条件时,可以采用公允价值模式

    C. 同一企业可以分别采用成本模式和公允价值模式

    D. 同一企业不得同时采用成本模式和公允价值模式

三、判断题

1. 无形资产是指企业拥有或控制的、没有实物形态的非货币性资产,包括可辨认非货币性无形资产和不可辨认无形资产。　　　　　　　　　　　　　　(　　)

2. 采用公允价值计量的投资性房地产,按其预计使用寿命计提折旧或摊销。　(　　)

3. 企业开发阶段发生支出应全部资本化计入无形资产成本。　　　　　　　(　　)

4. 企业接受无形资产投资,应按评估价值或合同协议价入账。　　　　　　(　　)

5. 企业应设置"研发支出"一级科目核算企业进行研究与开发无形资产的过程中发生的各项支出。　　　　　　　　　　　　　　　　　　　　　　　　　　(　　)

6. 企业购入土地使用权用于建造厂房,先计入无形资产,待自行开发建造厂房等地上建筑物时,再将其账面价值转入在建工程。　　　　　　　　　　　　　　(　　)

7. 企业对某项投资性房地产进行改扩建等再开发且将来仍作为投资性房地产的,再开发期间应将其转入在建工程。　　　　　　　　　　　　　　　　　　　(　　)

8. 投资性房地产计量模式一经确定,不得随意变更,只有存在确凿证据表明其公允价值能够持续可靠取得时,才允许采用公允价值计量模式。　　　　　　　　　(　　)

9. 公允价值模式计量投资性房地产不得转为成本模式。　　　　　　　　　(　　)

10. 成本模式、公允价值模式下投资性房地产取得的租金收入,均确认为其他业务收入。

（　　）

🏠 实训操作

1. 晟启公司 2024 年 1 月发生下列经济业务：

（1）1 月 5 日购入一项专利权,支付专利权转让费及有关手续费共计 158 000 元,款项以银行存款支付。

（2）1 月 10 日,接受同方公司以土地使用权作价向本公司投资。经评估,土地使用权的价值为 8 600 000 元,折合公司股票 4 300 000 元,每股面值为 1 元。

（3）1 月 20 日,公司出售一项专利权的所有权。出售价格为 130 000 元,出售时该项专利权的账面余额为 115 000 元,已计提减值准备 3 000 元。

（4）1 月 26 日,公司将其拥有的一项专利权出租给星火公司使用。合同规定,星火公司每年支付使用费 30 000 元,租期为 5 年。当日收到第一年租金。该专利权每年摊销金额为 12 000 元。

（5）1 月 31 日,公司按规定摊销一项专利权。其购买成本为 280 000 元,摊销期为 10 年。

（6）1 月 31 日,公司某项专利权预计可收回金额为 160 000 元。此项专利权的取得成本为 220 000 元,按 10 年摊销。本年为第二年,此前该专利权未计提减值准备。

要求： 编制晟启公司上述业务的会计分录。

2. 晟启公司自行研究开发一项非专利技术,截至 2024 年 12 月 31 日,发生研发支出共计 2 000 000 元,经测试该项研发活动完成了研究阶段,从 2025 年 1 月 1 日开始进入开发阶段。2025 年发生研发支出 300 000 元,假定该支出符合资本化条件。2025 年 6 月 30 日,该项研发活动结束,最终成功开发出一项非专利技术。

要求： 根据上述资料,编制会计分录。

3. 晟启公司将办公用的房屋转为对外出租,并于 2023 年 12 月 25 日签订租赁合同,租赁期开始日为 2024 年 1 月 1 日。房屋原价为 1 600 万元,预计净残值为 40 万元,预计可使用 30 年,采用平均年限法折旧。出租之前,该房屋已使用了 9 年,累计折旧为 468 万元。转为投资性房地产后,采用公允价值模式进行后续计量。

(1) 2024 年 1 月 1 日,房屋公允价值为 1 500 万元,将自用房地产转为投资性房地产。

(2) 2024 年 12 月 31 日,房屋公允价值为 1 490 万元。

(3) 2025 年 12 月 31 日,房屋公允价值为 1 560 万元。

(4) 2026 年 12 月 31 日,房屋公允价值为 1 570 万元。

(5) 2027 年 1 月 1 日,租赁期满,房屋重新转为自用。

要求:根据上述资料,编制会计分录。

4. 2024 年 12 月 5 日,晟启公司以 1 800 万元的价款购入某房屋并打算用于出租。2024 年 12 月 28 日,晟启公司与裕华公司签订了租赁合同,将所购房屋出租给裕华公司使用,租期为 5 年,租期开始日为 2025 年 1 月 1 日。晟启公司对投资性房地产采用成本模式进行后续计量,房屋预计可使用 20 年,预计净残值为 60 万元,采用平均年限法计提折旧。2026 年 12 月 31 日,晟启公司对该房屋进行价值测试,确定其可收回金额为 1 500 万元。

要求:编制以下相关会计分录。

(1) 2024 年 12 月 5 日,购入房屋。

(2) 2025 年 1 月 1 日,将房屋出租。

(3) 2025 年 12 月 31 日,计提折旧。

(4) 2026 年 12 月 31 日,计提折旧。

(5) 2026 年 12 月 31 日,计提减值准备。

项目五 常见投资业务核算

📍 学习指导

任务一 金融资产核算

一、金融资产的分类

企业应当根据其管理金融资产的业务模式和金融资产的合同现金流量特征,将金融资产划分为以下三类,如表5-1所示。其分类一经确定,不得随意变更。

表5-1 金融资产的分类

	类 别	判 断 依 据
金融资产	以摊余成本计量的金融资产	业务模式是以收取合同现金流量为目标的,且在特定日期产生的现金流量,仅为本金+利息;企业可以设置"债权投资"科目
	以公允价值计量且其变动计入其他综合收益的金融资产	一般情形:现金流量仅为本金+利息,但业务模式既以收取合同现金流量为目标,又以出售为目标;企业可以设置"其他债权投资"科目 特殊情形:企业可以将非交易性权益工具投资直接指定为此类;可以设置"其他权益工具投资"科目
	以公允价值计量且其变动计入当期损益的金融资产	除划分为上述两类金融资产之外的金融资产,企业可以设置"交易性金融资产"科目

二、交易性金融资产的核算

表5-2 交易性金融资产的计量与科目设置

计 量	初始计量	交易性金融资产应按照取得时的公允价值计量,但价款中包含已宣告但尚未发放的现金股利或已到付息期但尚未领取的债券利息应当单独确认为应收项目。同时,取得时发生的相关交易费用直接计入当期损益(投资收益)

计　量	后续计量	交易性金融资产期末应按照公允价值计量,公允价值与账面价值之间的差额调整交易性金融资产的账面价值,并确认当期损益(公允价值变动损益)
科目设置	交易性金融资产——成本	核算取得交易性金融资产时的公允价值
	交易性金融资产——公允价值变动	核算期末调整的交易性金融资产公允价值变动额,借方登记调增的金额,贷方登记调减的金额
	公允价值变动损益	核算期末调整的交易性金融资产公允价值变动额,贷方登记调增的收益,借方登记调减的损失
	投资收益	核算因股权或债券投资确认的投资收益或损失,主要包括:①直接计入当期损益的相关交易费用;②持有期间因被投资单位宣告发放现金股利或已到付息期的债券利息确认的投资收益;③处置交易性金融资产确认的投资损益等

表 5-3　交易性金融资产的账务处理

业务内容		账务处理	要点
取得时		借:交易性金融资产——成本 　　应收股利/应收利息 　　投资收益 　　应交税费——应交增值税(进项税额) 　贷:其他货币资金——存出投资款	已宣告但尚未发放的现金股利或已到付息期但尚未领取的债券利息应当单独确认为应收项目,不计入成本
现金股利(或利息)	宣告/到付息期	借:应收股利/应收利息 　贷:投资收益	这里的应收股利和应收利息均指持有期间被投资单位宣告分派的现金股利或已到付息期的利息
	收到股利或利息	借:其他货币资金——存出投资款 　贷:应收股利/应收利息	包括取得时价款中含有的现金股利和债券利息,也包括持有期间宣告发放的现金股利或已到付息期的利息
期末计量		①公允价值上升: 借:交易性金融资产——公允价值变动 　贷:公允价值变动损益 ②公允价值下降: 借:公允价值变动损益 　贷:交易性金融资产——公允价值变动	交易性金融资产期末按照公允价值计量,公允价值与账面价值之间的差额调整交易性金融资产的账面价值

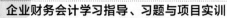
续　表

业务内容	账务处理	要点
处置	借：其他货币资金——存出投资款 　贷：交易性金融资产——成本 　　　　　　　　　　——公允价值变动 　　　　　　　　　　　（可能借方） 　投资收益（差额，可能借方）	出售交易性金融资产时，应当将出售时的公允价值与账面价值之间的差额作为投资收益

三、债权投资的核算

表5-4　债权投资的计量与科目设置

计量	初始计量	应当按照取得时的实际成本（含相关交易费用）作为初始入账价值，支付的价款中包括的已到付息期但尚未领取的债券利息，应单独确认为应收利息
	后续计量	应当采用实际利率法，按照摊余成本进行后续计量。 摊余成本，是指该金融资产的初始成本确认金额经下列调整后的结果，包括：① 扣除已偿还的本金；② 加上或减去采用实际利率法将该初始确认金额与到期日金额之间的差额进行摊销形成的累计摊销额；③ 扣除计提的累计信用减值准备
科目设置	债权投资——成本	核算债权投资的面值
	债权投资——利息调整	核算债权投资的实际成本与面值之间的差额，主要包括债权投资的溢价或折价
	债权投资——应计利息	核算到期一次还本付息债券的票面利息
	应收利息	核算分期付息、到期还本债券的票面利息
	投资收益	主要包括：① 期末按实际利率法确认的实际利息；② 出售债权投资确认的投资损益
	债权投资减值准备	核算期末根据债权投资的预期信用损失计提或转回的减值准备

表5-5　债权投资的账务处理

业务内容	账务处理	要点
取得时	借：债权投资——成本（面值） 　　　　　——利息调整（差额，可能贷方） 　应收利息 　贷：银行存款等	支付的价款中包含已到付息期但尚未领取的债券利息应单独确认为应收利息，不计入成本

续　表

业务内容		账 务 处 理	要 点
期末计息	确认利息收入	借：应收利息/债权投资——应计利息 　贷：投资收益 　　　债权投资——利息调整(差额,可借方)	票面利息＝面值×票面利率,到期一次还本付息的债券利息记入"债权投资——应计利息"账户;实际利息＝期初摊余成本×实际利率
	实际收到利息	借：银行存款等 　贷：应收利息	包括取得时价款中含有的债券利息,也包括持有期间的利息
到期或处置		借：银行存款等 　债权投资减值准备 　贷：债权投资——成本 　　　　　　——应计利息 　　　　　　——利息调整(可能借方) 　投资收益(差额,可能借方)	处置债权投资时,应将所取得价款与其账面价值之间的差额,计入当期损益。已经计提减值准备的,还应同时结转债权投资减值准备

四、其他债权投资和其他权益工具投资的核算

表 5-6　其他债权投资和其他权益工具投资的计量

科　　　目	初　始　计　量	后　续　计　量
其他债权投资	按照取得时的公允价值和相关交易费用之和作为初始确认金额。其他债权投资支付的价款中包含的已到付息期但尚未领取的债券利息单独确认为应收利息,其他权益工具投资支付的价款中包含的已宣告但尚未发放的现金股利单独确认为应收股利	资产负债表日,其他债权投资应当采用实际利率法计算该金融资产的利息。 其他债权投资期末按照公允价值计量,公允价值与账面价值之间的差额计入所有者权益(其他综合收益)
其他权益工具投资		资产负债表日,其他权益工具投资按照公允价值计量,公允价值与账面价值之间的差额计入所有者权益(其他综合收益)

表 5-7　其他债权投资的账务处理

业务内容	账 务 处 理	要 点
取得时	借：其他债权投资——成本(核算面值) 　　　　　　——利息调整(差额,可能贷方) 　应收利息 　贷：银行存款等	实际成本＝支付的价款(扣除已到付息期尚未领取的利息)＋相关交易费用

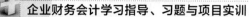
续　表

业务内容		账　务　处　理	要　点
期末	按照实际利率法计提利息	借：应收利息（核算票面利息） 　　贷：投资收益（核算实际利息） 　　　　其他债权投资——利息调整（差额，可能借方） 同时，借：银行存款等 　　　　贷：应收利息	票面利息=面值×票面利率，到期一次还本付息的债券利息记入"其他债权投资——应计利息"账户；实际利息=期初摊余成本×实际利率
	按照公允价值调整账面价值	① 公允价值上升： 借：其他债权投资——公允价值变动 　　贷：其他综合收益 ② 公允价值下降： 借：其他综合收益 　　贷：其他债权投资——公允价值变动	在计算公允价值变动时，一定要先计算当期实际利息，确定调整之前的账面价值
处置		借：银行存款等 　　贷：其他债权投资——成本 　　　　　　　　——应计利息 　　　　　　　　——利息调整（可能借方） 　　　　　　　　——公允价值变动（可能借方） 　　　　投资收益（差额，可能借方） 同时，将"其他综合收益"转入"投资收益"账户	处置时，应将所取得价款与其账面价值之间的差额，计入当期损益，同时结转其他综合收益

表5-8　其他权益工具投资的账务处理

业务内容		账　务　处　理	要　点
取得时		借：其他权益工具投资——成本 　　应收股利 　　贷：其他货币资金——存出投资款	已宣告但尚未发放的现金股利应当单独确认为应收股利，不计入成本
现金股利	宣告分派现金股利	借：应收股利 　　贷：投资收益	这里的应收股利是指持有期间被投资单位宣告分派的现金股利
	实际收到股利	借：其他货币资金——存出投资款 　　贷：应收股利	包括取得时支付价款中含有的现金股利，也包括持有期间宣告发放的现金股利
期末计量		① 公允价值上升： 借：其他权益工具投资——公允价值变动 　　贷：其他综合收益 ② 公允价值下降： 借：其他综合收益 　　贷：其他权益工具投资——公允价值变动	期末按照公允价值计量，公允价值与账面价值之间的差额计入其他综合收益

业务内容	账务处理	要　点
处置	借：其他货币资金——存出投资款 　　贷：其他权益工具投资——成本 　　　　　　　　　　　——公允价 　　　　　　　　　　　值变动 　　　　　　　　　　　（可能 　　　　　　　　　　　借方） 　　　　　盈余公积(差额,可能借方) 　　　　　利润分配——未分配利润(差 　　　　　额,可能借方) 　同时,将"其他综合收益"转入留存收益	出售其他权益工具投资时,应当将出售时的公允价值与账面价值之间的差额计入留存收益

任务二　长期股权投资核算

一、长期股权投资的分类与核算方法

长期股权投资,是指投资方对被投资单位实施控制、重大影响的权益性投资以及对其合营企业的权益性投资。

表 5-9　长期股权投资的分类

科　目	分　类	核算方法
长期股权投资	企业持有的能够对被投资单位实施控制的权益性投资,即对子公司的投资	成本法
	企业持有的能够与其他合营方一同对被投资单位实施共同控制的权益性投资,即对合营企业的投资	权益法
	企业持有的能够对被投资单位施加重大影响的权益性投资,即对联营企业的投资	

二、成本法下长期股权投资的账务处理

表 5-10　成本法下长期股权投资的账务处理

业务内容		账务处理	要　点
取得时	同一控制下的企业合并	借：长期股权投资 　　贷：银行存款/相关资产（账面价 　　　　值）股本 　　　　资本公积——股本溢价(倒挤)	① 应当在合并日按照所取得的被合并方在最终控制方合并财务报表中的净资产账面价值份额作为长期股权投资的初始投资成本

业务内容		账务处理	要点
取得时	同一控制下的企业合并	借：资本公积——股本溢价 　贷：银行存款	② 合并方发生的审计、法律服务、评估咨询等中介费用以及其他相关管理费用，于发生时计入当期损益
	非同一控制下的企业合并	借：长期股权投资 　贷：银行存款/相关资产（公允价值）股本 　　资本公积——股本溢价 借：资本公积——股本溢价 　贷：银行存款	① 购买方为了取得对被购买方的控制权而放弃的资产、发生或承担的负债、发行的权益性证券等，均应按其在购买日的公允价值作为长期股权投资的初始成本 ② 购买方为企业合并发生的审计、法律、评估咨询等中介费用，应当于发生时计入当期损益（管理费用）
被投资单位宣告发放现金股利或利润		借：应收股利/利润 　贷：投资收益	按照持股比例分配股利或利润
期末发生减值时		借：资产减值损失 　贷：长期股权投资减值准备	期末，长期股权投资可收回金额低于账面价值的，应当计提减值准备；一经计提，不得转回
处置时		借：银行存款 　　长期股权投资减值准备 　贷：长期股权投资 　　投资收益（可能借方）	应当将出售时的公允价值与账面价值之间的差额计入当期损益（投资收益）

三、权益法下长期股权投资的科目设置和账务处理

表 5-11　权益法下长期股权投资的科目设置

	长期股权投资——投资成本	核算初始成本以及投资时按照享有被投资单位所有者权益的份额调整的金额
科目设置	长期股权投资——损益调整	被投资单位实现的净利润或发生净亏损、分配的现金股利
	长期股权投资——其他综合收益	被投资单位其他综合收益变动
	长期股权投资——其他权益变动	被投资单位除净损益、其他综合收益以及利润分配以外的所有者权益的其他变动
	投资收益	① 被投资单位实现净损益，按照享有的份额确认； ② 处置时投资的净损益

表5-12 权益法下长期股权投资的账务处理

业务内容		账务处理	要点
取得时	按初始投资成本入账	借：长期股权投资——投资成本 贷：银行存款等	应当以实际成本作为长期股权投资的初始成本，包括支付的价款、直接相关费用等
	调整初始投资成本	① 不调整长期股权投资的初始投资成本； ② 借：长期股权投资——投资成本 贷：营业外收入	① 初始投资成本大于投资时应享有被投资单位可辨认净资产公允价值份额，不调整初始投资成本； ② 初始投资成本小于投资时应享有被投资单位可辨认净资产公允价值份额，调整初始投资成本
持有期间	被投资单位实现净损益	被投资单位实现净利润时： 借：长期股权投资——损益调整 贷：投资收益 或作相反分录	被投资单位发生亏损时，会计分录相反；发生超额亏损时，应以长期股权投资账面价值调整至零为限
	被投资单位宣告发放现金股利或利润	借：应收股利/应收利润 贷：长期股权投资——损益调整	但收到被投资单位宣告发放的股票股利，不进行账务处理，应在备查簿中登记
	被投资单位其他综合收益发生变动	借：长期股权投资——其他综合收益 贷：其他综合收益 或作相反分录	被投资单位其他综合收益发生变动的，应调整长期股权投资的账面价值
	被投资单位资本公积增减变动	借：长期股权投资——其他权益变动 贷：资本公积——其他资本公积 或作相反分录	对于被投资单位除净损益、其他综合收益和利润分配外所有者权益的其他变动，应当按持股比例计算应有的份额，调整账面价值
	期末发生减值	借：资产减值损失 贷：长期股权投资减值准备	期末，长期股权投资可收回金额低于账面价值的，应当计提减值准备；一经计提，不得转回
处置时		借：银行存款 　　长期股权投资减值准备 贷：长期股权投资——投资成本 　　　　　　　　——损益调整 　　　　　　　　——其他综合收益 　　　　　　　　——其他权益变动 　　投资收益（可能借方）	权益法下，处置部分股权后，仍可采用权益法核算时，应结转与长期股权投资相关的"其他综合收益""资本公积——其他资本公积"

✎ 技能测试

一、单项选择题

1. 甲股份有限公司于 2024 年 4 月 1 日购入面值为 1 000 万元的 3 年期债券并划分为以摊余成本计量的金融资产,实际支付的价款为 1 500 万元,其中包含已到付息期但尚未领取的债券利息 20 万元,另支付相关税费 10 万元。该项债券投资的初始入账金额为(   )万元。
    A. 1 510   B. 1 490   C. 1 500   D. 1 520

2. 下列金融资产中,应作为其他权益工具投资的是(   )。
    A. 企业从二级市场购入的准备随时出售的普通股票
    B. 企业购入的有意图和能力持有至到期的公司债券
    C. 企业购入的没有公开报价且不准备随时变现的联达公司 5% 的股权
    D. 企业购入的有公开报价且不准备随时变现的联达公司 5% 的股票

3. M 公司于 2024 年 1 月 1 日从证券市场购入 N 公司发行在外的股票 30 000 股,作为其他权益工具投资,每股支付价款 10 元,另支付相关费用 6 000 元。2024 年 12 月 31 日,这部分股票的公允价值为 320 000 元,则 M 公司 2024 年 12 月 31 日记入"其他综合收益"账户的金额为(   )元。
    A. 14 000   B. 15 000   C. 5 000   D. 10 000

4. 下列关于交易性金融资产计量的说法中,不正确的是(   )。
    A. 交易性金融资产初始计量按公允价值计量,交易费用计入当期损益
    B. 交易性金融资产持有期间取得利息或现金股利,应确认为投资收益
    C. 交易费用包括债券溢折价、融资费用等
    D. 处置交易性金融资产时,其公允价值与初始入账金额之间的差额应当确认为投资收益,同时调整公允价值变动损益

5. 企业取得的金融资产,如果能够消除或显著减少会计错配,企业可以在初始确认时,将其直接指定为(   )。
    A. 以摊余成本计量的金融资产
    B. 以公允价值计量且其变动计入其他综合收益的金融资产
    C. 以公允价值计量且其变动计入当期损益的金融负债
    D. 以公允价值计量且其变动计入当期损益的金融资产

6. 甲股份有限公司于 2024 年 4 月 1 日购入面值为 2 000 万元的 3 年期债券并划分为债权投资,实际支付的价款为 3 000 万元,其中包含已到付息期但尚未领取的债券利息 20 万元,另支付相关税费 20 万元。则该项债券投资的初始入账金额为(   )万元。
    A. 3 020   B. 2 980   C. 3 000   D. 3 040

7. 某公司于 2024 年 6 月 20 日从证券市场上购入联达公司发行在外的股票 5 万股作为其他权益工具投资,每股价格为 10 元(含已宣告但未发放的现金股利 1.5 元),另支付相关费用 3 000 元,则该公司其他权益工具投资取得时的入账价值为(   )元。
    A. 503 000   B. 428 000   C. 500 000   D. 425 000

8. 联达公司于 2024 年 10 月 5 日,从证券市场上购入花旗公司发行在外的股票 200 万股作为其他权益工具投资,每股支付 5 元,其中含已宣告未发放的现金股利 0.5 元,支付相关费用 20 万元,2024 年 12 月 31 日股票的公允价值为 1 030 万元。联达公司 2024 年 12 月 31 日应确认的其他综合收益为( )万元。

    A. 30(收益)   B. 10(收益)   C. 110(收益)   D. 0

9. 购买准备随时变现的股票投资,期末公允价值上升时应借记( )账户。

    A. "应收利息"   B. "交易性金融资产"

    C. "投资收益"   D. "财务费用"

10. 企业购入联达公司股票作为交易性金融资产核算,共支付价款 11 900 元,其中含有已宣告但尚未发放的现金股利 1 500 元及相关税费 100 元,则该交易性金融资产的初始计量金额为( )元。

    A. 10 300   B. 10 400   C. 11 900   D. 12 000

11. 我国《企业会计准则》规定,公司交易性金融资产期末计量应采用的计量属性是( )。

    A. 历史成本   B. 公允价值

    C. 成本与市价孰低法   D. 可变现净值法

12. 某企业购入 W 上市公司股票 180 万股,并划分为交易性金融资产,共支付款项 2 830 万元,其中包括已宣告但尚未发放的现金股利 126 万元。另外,支付相关交易费用 4 万元。该项交易性金融资产入账价值为( )万元。

    A. 2 700   B. 2 704   C. 2 830   D. 2 834

13. L 公司 2024 年 1 月 10 日购入 H 公司 15 万股股票作为交易性金融资产,每股价格为 6 元。2024 年 3 月 15 日收到分派现金股利 3 万元,2024 年 6 月 30 日该股票市价为每股 6.5 元。该交易性金融资产 2024 年 6 月 30 日的账面余额为( )万元。

    A. 90   B. 93   C. 97.5   D. 100.5

14. 某企业 2024 年 5 月 1 日购买 L 公司股票 1 000 股,每股价格为 10 元,另支付相关费用 200 元;当年 5 月 10 日又购入联达公司股票 1 000 股,每股价格为 12 元,另支付相关费用 240 元,均划分为交易性金融资产。该企业当年 6 月 10 日将该股票全部予以转让,取得转让价款 25 000 元,则企业通过该交易性金融资产累计影响的"投资收益"账户金额为( )元。

    A. 6 000   B. 3 000   C. 2 560   D. 2 000

15. 按《企业会计准则》的规定,应冲减交易性金融资产成本的情况是( )。

    A. 期末交易性金融资产的公允价值大于其账面余额

    B. 交易性金融资产的处置

    C. 企业持有交易性金融资产期间,被投资企业宣告发放的现金股利

    D. 收到购入交易性金融资产时实际支付的价款中包含的已到期尚未领取的债券利息

16. 2024 年 1 月 1 日,晟启公司自证券市场购入面值总额为 2 000 万元的债券。购入时实际支付价款 2 044.75 万元,另支付交易费用 10 万元。该债券发行日为 2024 年 1 月 1 日,系到期一次还本付息债券,期限为 5 年,票面年利率为 5%,实际年利率为 4%。晟

启公司管理金融资产的业务模式以收取合同现金流量为目标,该金融资产合同条款规定,在特定日期产生的现金流量,仅为对本金和以未偿付本金金额为基础的利息的支付,晟启公司将该债券分类为以摊余成本计量的金融资产。2024 年度晟启公司该项债券投资应确认利息收入金额( )万元。

    A. 82.19   B. 81.79   C. 100   D. 102.24

17. 晟启公司于 2024 年 1 月 1 日以 19 800 万元购入一项 3 年期到期还本、按年付息的公司债券,每年于 12 月 31 日支付利息。该公司债券票面年利率为 5%,实际年利率为 5.38%,面值总额为 20 000 万元,晟启公司将其分类为以摊余成本计量的金融资产,按实际利率法采用摊余成本进行后续计量。假设不考虑其他因素,该债券 2025 年 12 月 31 日应确认的投资收益为( )万元。

    A. 1 000   B. 1 068.75   C. 1 076   D. 1 065.24

18. 晟启公司于 2024 年 2 月 10 日购入某上市公司股票 10 万股,每股价格为 15 元(其中包含已宣告但尚未发放的现金股利每股 0.5 元),晟启公司购入的股票暂不准备随时变现,直接指定为以公允价值计量且其变动计入其他综合收益的金融资产,晟启公司购买该股票另支付手续费等 10 万元,则晟启公司该项投资的入账价值为( )万元。

    A. 145   B. 150   C. 155   D. 160

19. 资产负债表日,其他权益工具投资的公允价值发生暂时性下跌,账务处理时,应贷记"其他权益工具投资——公允价值变动"账户,借记( )账户。

    A. "营业外支出"   B. "信用减值损失"

    C. "其他综合收益"   D. "投资收益"

20. 出售其他权益工具投资时,应按实际收到的金额,借记"银行存款"等账户,按其账面余额,贷记"其他权益工具投资"账户,按应从所有者权益中转出的公允价值累计变动额,借记或贷记"其他综合收益"账户,按其差额,计入( )。

    A. 留存收益   B. 资本公积   C. 投资收益   D. 营业外收入

21. A 公司出资 1 000 万元,取得了 C 公司 60% 的控股权,假如购买股权时 C 公司的账面净资产价值为 2 000 万元,A、C 公司合并前后同受一方控制。则 C 公司确认的长期股权投资成本为( )万元。

    A. 1 000   B. 2 000   C. 800   D. 1 200

22. C、D 两家公司属于非同一控制下的独立公司。M 公司于 2024 年 1 月 5 日以本企业的固定资产对 D 公司投资,取得 D 公司 60% 的股份。该固定资产原值为 1 500 万元,已计提折旧 400 万元,已提取减值准备 50 万元,2024 年 7 月 1 日该固定资产公允价值为 1 350 万元。N 公司 2024 年 7 月 1 日所有者权益为 2 000 万元。C 公司该项长期股权投资的成本为( )万元。

    A. 1 500   B. 1 200   C. 1 350   D. 1 250

23. 长期股权投资成本法的适用范围是( )。

    A. 投资企业能够对被投资企业实施控制的长期股权投资

    B. 投资企业对被投资企业不具有共同控制或重大影响,并且在活跃市场中没有报价、公允价值不能可靠计量的长期股权投资

C. 投资企业对被投资企业具有共同控制的长期股权投资

D. 投资企业对被投资企业具有重大影响的长期股权投资

24. H 企业于 2024 年 1 月 1 日以银行存款取得 F 公司 60% 的股份,并准备长期持有。F 公司当年实现净利润 1 000 000 元,2024 年 4 月 10 日宣告分配上年现金股利 600 000 元,M 企业当年应确认的投资收益为( )元。

　　A. 360 000　　　　B. 50 000　　　　C. 40 000　　　　D. 6 000

25. 非企业合并以支付现金取得股权投资,以( )作为初始投资成本。

　　A. 实际支付的购买价款

　　B. 被投资企业所有者权益账面价值的份额

　　C. 被投资企业所有者权益公允价值的份额

　　D. 被投资企业所有者权益

26. 非企业合并,且以发行权益性证券取得的长期股权投资,应当按照发行权益性证券的( )作为初始投资成本。

　　A. 账面价值　　　　　　　　　　B. 公允价值

　　C. 支付的相关税费　　　　　　　D. 市场价格

27. 丙公司为甲、乙公司的母公司,2024 年 1 月 1 日,晟启公司以银行存款 7 000 万元取得乙公司 60% 有表决权的股份,另以银行存款 100 万元支付与合并直接相关的中介费用,当日办妥相关股权划转手续后,取得了乙公司的控制权;乙公司在丙公司合并财务报表中的净资产账面价值为 9 000 万元。不考虑其他因素,晟启公司该项长期股权投资在合并日的初始投资成本为( )万元。

　　A. 7 100　　　　　B. 7 000　　　　　C. 5 400　　　　　D. 5 500

28. 晟启公司 2024 年 1 月 1 日取得非同一控制下乙公司 80% 的股权,能够对被投资单位实施控制,初始投资成本为 3 000 万元,2024 年乙公司分派现金股利 520 万元,2024 年当期实现净利润 800 万元,不考虑其他因素,2024 年年末该项长期股权投资的账面价值为( )万元。

　　A. 3 000　　　　　B. 3 500　　　　　C. 3 400　　　　　D. 3 640

29. 根据《企业会计准则第 2 号——长期股权投资》的规定,长期股权投资采用权益法核算时,对于初始投资成本大于应享有被投资单位可辨认资产公允价值份额之间的差额,正确的会计处理是( )。

　　A. 计入投资收益　　　　　　　　B. 冲减资本公积

　　C. 计入营业外支出　　　　　　　D. 不调整初始投资成本

30. 股权投资会计准则规定,采用权益法核算时,不会引起期股权投资账面价值减少的是( )。

　　A. 被投资单位对外捐赠　　　　　B. 被投资单位发生净亏损

　　C. 被投资单位计提盈余公积　　　D. 被投资单位宣告发放现金股利

31. A 公司以 2 600 万元取得 B 公司 30% 的股权,取得投资时,被投资单位可辨认净资产的公允价值为 8 000 万元。如 A 公司能够对 B 公司施加重大影响,则 A 公司计入长期股权投资的金额为( )万元。

　　A. 2 600　　　　　B. 2 400　　　　　C. 8 000　　　　　D. 2 700

32. 晟启公司出资 1 000 万元,取得了乙公司 70% 的控股权,假如购买股权时乙公司的账面净资产价值为 2 000 万元,甲、乙公司合并前后同受一方控制。则晟启公司确认的长期股权投资成本为( )万元。

    A. 1 000   B. 1 500   C. 800   D. 1 400

33. 长期股权投资发生下列事项时,不能确认为当期损益的是( )。

    A. 权益法下,被投资单位实现净利润时投资方确认应享有的份额

    B. 成本法下,被投资单位实现净利润后分配的现金股利

    C. 收到分派的股票股利

    D. 处置长期股权投资时,处置收入大于长期股权投资账面价值的差额

34. 2023 年 7 月 1 日,甲企业投资乙企业 600 万元,投资比例为 70%,按成本法核算,2024 年乙企业实现净利润 300 万元。2025 年 3 月 31 日,乙企业分派 2024 年现金股利 50 万元。甲企业应确认的投资收益为( )万元。

    A. 35   B. 50   C. 30   D. 60

35. 同一控制下企业合并所取得股权投资的初始投资成本是( )。

    A. 投出资产的账面价值

    B. 投出资产的公允价值

    C. 取得被合并方所有者权益账面价值的份额

    D. 取得被合并方所有者权益公允价值的份额

36. 企业取得长期股权投资,实际支付的价款或对价中包含的已宣告但尚未发放的现金股利或利润,应计入( )。

    A. 投资收益   B. 财务费用   C. 应收股利   D. 长期股权投资

37. A 公司以定向发行自身普通股的方式取得了 B 公司 20% 的股权,能够对 B 公司实施重大影响。已知,A 公司发行的股票数量为 20 万股,每股公允价值为 22 元、面值为 1 元。为增发该部分股票,A 公司另向证券承销机构支付了 20 万元的佣金和手续费。当日,B 公司可辨认净资产的公允价值为 5 000 万元,账面价值为 4 500 万元。假定不考虑其他因素,A 公司取得该项股权投资应确认的资本公积为( )万元。

    A. 460   B. −20   C. 400   D. 420

38. 晟启公司持有乙公司 40% 的股权,采用权益法核算。2023 年 12 月 31 日,该项长期股权投资的账面余额为 1 200 万元,已计提减值准备 100 万元。此外,晟启公司还有一笔金额为 150 万元的应收乙公司的长期债权,该项债权没有明确的清收计划,且在可预见的未来期间不准备收回。乙公司 2024 年发生亏损 4 000 万元。假定取得投资时被投资单位各项资产和负债的公允价值等于账面价值,双方采用的会计政策、会计期间相同,且投资双方未发生任何内部交易。晟启公司对乙公司亏损不负有连带责任,则晟启公司 2024 年应确认的投资损失是( )万元。

    A. 1 600   B. 1 350   C. 1 250   D. 1 550

二、多项选择题

1. 下列各项中,应计入当期损益的事项有( )。

    A. 交易性金融资产在资产负债表日的公允价值大于账面价值的差额

  B. 交易性金融资产在持有期间获得的债券利息

  C. 债权投资发生的减值损失

  D. 其他权益工具投资在资产负债表日的公允价值大于账面价值的差额

2. 下列各项中,应作为债权投资取得时初始成本的有(　　　　)。

  A. 投资时支付的不含应收利息的价款

  B. 投资时支付的手续费

  C. 投资时价款中所含未到付息期的利息

  D. 投资时支付的佣金

3. 下列关于其他权益工具投资的核算中,正确的有(　　　　)。

  A. 交易费用计入初始确认金额

  B. 处置净损益计入公允价值变动损益

  C. 公允价值变动计入其他综合收益

  D. 按摊余成本和实际利率计算确定的利息收入,应计入投资收益

4. 下列有关交易性金融资产会计处理的表述中,正确的有(　　　　)。

  A. 交易性金融资产不能重分类为其他类金融资产

  B. 交易性金融资产不应计提减值准备

  C. 取得交易性金融资产时发生的交易费用均应计入投资收益

  D. 处置交易性金融资产时,应将原记入"公允价值变动损益"账户的金额转入"资本公积"账户

5. 企业将金融资产划分为以摊余成本计量的金融资产时,需要符合的条件有(　　　　)。

  A. 企业管理该金融资产的业务模式是以出售该金融资产为目标的

  B. 企业管理该金融资产的业务模式是以收取合同现金流量为目标的

  C. 企业管理该金融资产的业务模式既以收取合同现金流量为目标,又以出售该金融资产为目标

  D. 该金融资产的合同条款规定,在特定日期产生的现金流量,仅为本金和以未偿付本金金额为基础的利息支付

6. 下列各项关于债权投资处置的说法中,正确的有(　　　　)。

  A. 处置时要将原确认的信用减值损失冲减

  B. 按照处置价款与处置时点账面价值之间的差额计入利息收入

  C. 处置时点要结转持有期间计提的减值准备

  D. 摊余成本与账面价值相等

7. 下列说法中,正确的有(　　　　)。

  A. 购入的交易性金融资产实际支付的价款中包含的已宣告但尚未领取的现金股利或已到付息期但尚未领取的债券利息,应单独核算,不构成交易性金融资产的成本

  B. 为购入交易性金融资产所支付的相关费用,不计入该资产的成本

  C. 为购入交易性金融资产所支付的相关费用,应计入该资产的成本

  D. 交易性金融资产在持有期间,取得现金股利,应确认投资收益

8. 下列各项,不应计入交易性金融资产成本的有( )。

    A. 债券的面值
            B. 支付的印花税

    C. 支付的手续费
           D. 已宣告但尚未领取的股利

9. 公允价值计量且其变动计入当期损益金融资产,正确的方法有( )。

    A. 支付的价款中包含已宣告但尚未发放的现金股利或债券利息,应当单独确认为应收项目

    B. 企业划分为以公允价值计量且其变动计入当期损益金融资产的股票、债券、基金,以及不作为有效套期工具的衍生工具,应当按照取得时的公允价值和相关的交易费用作为初始确认金额

    C. 企业在持有以公允价值计量且其变动计入当期损益金融资产期间取得的利息或现金股利,应当确认为投资收益

    D. 资产负债表日,企业应将以公允价值计量且其变动计入当期损益的金融资产或金融负债的公允价值变动计入当期损益

10. 下列各项中,会引起债权投资摊余成本发生增减变动的有( )。

    A. 分期收回的本金

    B. 到期一次还本付息的,按照债券面值和票面利率计算的应计利息

    C. 到期一次还本、分期付息投资的,按债券面值和票面利率计算应收利息

    D. 采用实际利率法摊销的利息调整

11. 下列有关金融工具的会计核算方法中,不正确的有( )。

    A. 企业在持有以公允价值计量且其变动计入当期损益金融资产期间取得的利息或现金股利,应当冲减交易性金融资产的账面价值

    B. 资产负债表日企业应将以公允价值计量且其变动计入当期损益金融资产或金融负债公允价值变动计入当期损益,记入"投资收益"科目核算

    C. 处置交易性金融资产时,该金融资产的公允价值与初始入账金额之间的差额,应确认为投资收益

    D. 企业划分为以公允价值计量且其变动计入当期损益的金融资产或金融负债,按照取得时的公允价值作为初始确认金额,交易费用计入投资收益

12. 下列各项资产中,取得时发生的交易费用应当计入初始入账价值的有( )。

    A. 其他权益工具投资
           B. 交易性金融资产

    C. 债权投资
              D. 其他债权投资

13. 处置金融资产时,下列会计处理方法不正确的有( )。

    A. 处置其他债权投资时,原直接计入所有者权益的公允价值变动累计额不再调整

    B. 企业收回或处置其他权益工具投资时,应将取得的价款与该金融资产账面价值之间的差额计入投资收益

    C. 处置债权投资时,应将所取得价款与该投资账面价值之间的差额计入投资收益

    D. 处置以公允价值计量且其变动计入当期损益的金融资产时,不需要调整原公允价值变动累计额

14. 企业发生的下列事项中,不会影响"投资收益"账户金额的有( )。

    A. 交易性金融资产在持有期间取得的现金股利

B. 交易性金融资产在期末确认的公允价值变动

C. 处置权益法核算长期股权投资时,持有期间发生的其他权益变动金额

D. 取得其他债权投资发生的交易费用

15. 下列有关其他债权投资会计处理的说法中,正确的有(　　　　　)。

A. 初始确认时,应按公允价值和相关交易费用之和作为初始确认金额

B. 资产负债表日,应按账面余额进行后续计量

C. 资产负债表日,确认的其他债权投资公允价值变动应计入当期损益

D. 其他债权投资持有期间发生减值的,应当计入其他综合收益,同时确认信用减值损失

16. 下列各项中,影响债权投资摊余成本的有(　　　　　)。

A. 已偿还的本金

B. 利息调整的累计摊销额

C. 已计提的减值准备

D. 到期一次还本付息债券确认的票面利息

17. 在同一控制下的企业合并中,合并方取得的净资产账面价值与支付的合并对价账面价值(或发行股份面值总额)的差额,可能调整(　　　　　)。

A. 盈余公积　　　　B. 资本公积　　　　C. 营业外收入　　　　D. 未分配利润

18. 以下属于投资企业控制情况的有(　　　　　)。

A. 直接或间接拥有被投资单位50%以上的表决权资本

B. 直接或间接拥有被投资单位50%以下的表决权资本,但具有实质控制权

C. 直接或间接拥有被投资单位20%到50%的表决权资本

D. 直接或间接拥有被投资单位30%以上的表决权资本

19. 在非企业合并情况下,下列各项中,应作为长期股权投资取得时初始成本入账的有(　　　　　)。

A. 投资时支付的不含应收股利的价款

B. 为取得长期股权投资而发生的评估、审计、咨询费

C. 投资时支付的税金、手续费

D. 投资时支付款项中所含的已宣告而尚未领取的现金股利

20. 长期股权投资采用权益法核算的,下列各项中,属于投资企业确认投资收益时应考虑的因素有(　　　　　)。

A. 被投资单位实现净利润

B. 被投资单位资本公积增加

C. 被投资单位宣告分派现金股利

D. 投资时被投资单位各项资产公允价值与账面价值的差额

21. 长期股权投资企业会计准则规定,按成本法核算时,引起长期股权投资账面价值变动的有(　　　　　)。

A. 追加投资　　　　　　　　　　B. 减少投资

C. 被投资企业实现净利润　　　　D. 被投资企业宣告发放现金股利

22. 下列各项中,可能记入"投资收益"账户核算的有(　　　　　)。

A. 长期股权投资在权益法下被投资方宣告的现金股利

B. 长期股权投资在成本法下被投资方宣告的现金股利

C. 期末长期股权投资账面价值大于可收回金额的差额

D. 处置权益法下长期股权投资时,结转至"其他综合收益"

23. 企业处置长期股权投资时,正确的处理方法有( )。

A. 处置长期股权投资时,其账面价值与取得价款差额,应计入投资收益

B. 处置长期股权投资时,其账面价值与取得价款差额,应计入营业外收入

C. 权益法核算,因被投资单位除净损益以外所有者权益的其他变动而计入所有者权益的,处置时按相应比例转入投资收益

D. 权益法核算,因被投资单位除净损益以外所有者权益的其他变动而计入所有者权益的,处置时按相应比例转入营业外收入

24. 下列各项中,采用权益法核算的有( )。

A. 对子公司投资

B. 对合营企业投资

C. 对联营企业投资

D. 对被投资单位不具有控制、共同控制或重大影响,且在活跃市场中没有报价、公允价值不能可靠计量的权益性投资

25. 处置长期股权投资时,下列项目中,会影响投资收益的有( )。

A. 长期股权投资账面余额　　　B. 长期股权投资减值准备

C. 取得的转让价款　　　D. 权益法下计入所有者权益的金额

26. 企业采用成本法核算长期股权投资进行的下列会计处理中,正确的有( )。

A. 按持股比例计算享有被投资方实现净利润的份额,调增长期股权投资的账面价值

B. 按追加投资的金额,调增长期股权投资的成本

C. 按持股比例计算应享有被投资方其他债权投资公允价值上升的份额,确认为投资收益

D. 按持股比例计算应享有被投资方宣告发放现金股利的份额,确认为投资收益

27. 企业采用权益法核算时,下列事项将引起长期股权投资账面价值发生增减变动的有( )。

A. 长期股权投资初始投资成本小于投资时应享有被投资单位可辨认净资产公允价值份额

B. 计提长期股权投资减值准备

C. 被投资单位资本公积发生变化

D. 获得股份有限公司的股票股利

28. 下列关于同一控制下企业合并形成的长期股权投资会计处理的表述中,正确的有( )。

A. 合并方发生的评估咨询费用,应计入当期损益

B. 与发行债务工具作为合并对价直接相关的交易费用,应计入债务工具的初始确认金额

C. 与发行权益工具作为合并对价直接相关的交易费用,应计入当期损益

D. 合并成本与合并对价账面价值之间的差额,应计入其他综合收益

三、判断题

1. 确认交易性金融资产时的交易费用应计入该资产的成本。 （ ）

2. 企业对债权投资初始确认金额与到期日金额之间的差额既可以采用实际利率法进行摊销,又可采用直线法进行摊销。 （ ）

3. 企业购入的债券投资如果作为交易性金融资产核算,在持有期间应当按照面值乘以票面利率计算的利息确认投资收益。 （ ）

4. 处置交易性金融资产时,该金融资产的公允价值与处置时账面价值之间的差额应确认为投资收益。 （ ）

5. 企业取得以公允价值计量且其变动计入其他综合收益的金融资产时,所支付的对价中包含的已宣告但尚未领取的债券利息,应当单独确认为应收项目进行处理。 （ ）

6. 如果企业管理其金融资产的业务模式既以收取合同现金流量为目标,又有出售的动机,同时该金融资产的合同现金流量为本金及利息,则通常是将该金融资产分类为以公允价值计量且其变动计入当期损益的金融资产。 （ ）

7. 处置其他债权投资时,应按取得的价款与原直接计入所有者权益的公允价值变动累计额对应处置部分的金额,与该金融资产账面价值之间的差额,确认为投资收益。 （ ）

8. 如果企业管理其金融资产的业务模式既以收取合同现金流量为目标,又有出售的动机,同时该金融资产的合同现金流量为本金及利息,则通常是将该金融资产分类为以公允价值计量且其变动计入其他综合收益的金融资产。 （ ）

9. 债权投资采用摊余成本法进行后续计量。 （ ）

10. 其他权益工具投资公允价值变动金额应计入当期损益。 （ ）

11. 无论是同一控制下还是非同一控制下企业合并形成的长期股权投资,后续计量均应采用成本法核算。 （ ）

12. 在权益法下,投资企业按照被投资企业宣告分派的利润或现金股利计算应分得的部分,相应地减少长期股权投资的账面价值。 （ ）

13. A 公司购入 B 公司 60% 股份,A、B 属于非同一控制,买价为 400 000 元,含已宣告发放、但尚未领取的现金股利 5 000 元。A 公司取得长期股权投资的成本为 400 000 元。 （ ）

14. 同一控制下取得的长期股权投资,其初始投资成本与支付的现金、转让的非现金资产以及所承担的债务账面价值之间的差额,应当调整资本公积;资本公积不足冲减的,调整留存收益。 （ ）

15. 以现金取得的长期股权投资,应当按照实际支付的购买价款作为初始投资成本。初始投资成本包括与取得长期股权投资直接相关的费用、税金及其他必要支出。 （ ）

16. 成本法下分得的现金股利,应全部计入投资收益。 （ ）

17. 被投资单位宣告发放股票股利,投资企业按享有金额确认收益。 （ ）

18. 以发行公司债券方式完成企业合并的,公司债券的发行费用应冲减债券发行溢价或追加债券发行折价,如果折价或溢价不够冲抵,再调整留存收益。　　　　　　（　　　）

19. 在成本法下,应当按照应享有或应分担的被投资企业实现净损益的份额,确认投资损益并调整长期股权投资的账面价值。　　　　　　　　　　　　　　　（　　　）

20. 在权益法下,当被投资企业宣告分派现金股利或利润时,投资企业确认为当期投资收益。　　　　　　　　　　　　　　　　　　　　　　　　　　　　（　　　）

🏠 实训操作

1. 2024 年 3 月至 5 月,晟启公司发生的交易性金融资产业务如下:

（1）3 月 2 日,以银行存款购入 A 上市公司股票 100 万股,每股 8 元,另发生相关的交易费用 2 万元,并将该股票划分为交易性金融资产。

（2）3 月 31 日,该股票在证券交易所的收盘价格为每股 7.7 元。

（3）4 月 30 日,该股票在证券交易所的收盘价格为每股 8.1 元。

（4）5 月 10 日,将所持有的该股票全部出售,所得价款 825 万元,已存入银行。假定增值税税率为 6%。

要求: 编制上述业务的会计分录。

2. 晟启公司 2024 年有关交易性金融资产的资料如下:

（1）3 月 1 日,以银行存款购入联达公司股票 50 000 股,并准备随时变现,每股买价为 16 元,同时支付相关税费 4 000 元。

（2）4 月 20 日,联达公司宣告发放现金股利,每股 0.4 元。

（3）4 月 21 日,又购入联达公司股票 50 000 股,并准备随时变现,每股买价为 18.4 元（其中包含已宣告发放尚未支取的每股股利 0.4 元）,同时支付相关税费 6 000 元。

（4）4 月 25 日,收到联达公司发放的现金股利 20 000 元。

（5）6 月 30 日联达公司股票市价为每股 16.4 元。

（6）7 月 18 日,该公司以每股 17.5 元的价格转让联达公司股票 60 000 股,扣除相关税费 10 000 元,实得金额为 1 040 000 元。

（7）12 月 31 日,联达公司股票市价为每股 18 元。

要求: 根据上述经济业务,编制有关会计分录。

3. 晟启公司于 2024 年 3 月 10 日以每股 5 元的价格（含长虹公司按照每股 0.2 元已宣告但尚未领取的现金股利）购买长虹公司发行的股票 500 万股,另支付交易费用 3 万元,该公司将其作为其他权益工具投资核算;3 月 12 日收到现金股利;晟启公司于 11 月 10 日以每股 5.6 元出售股票 300 万股,另支付交易费用 1.2 万元;12 月 31 日该股票每股市价为 5.3 元;2024 年 7 月 26 日以每股 4.8 元的价格出售该股票 100 万股,另支付交易费用 2.8 万元。

要求: 编制上述业务的相关会计分录。

4. 晟启公司 2024 年度与投资相关的交易如下:

（1）1 月 1 日,从市场购入 1 000 万股 A 公司发行在外的普通股,准备随时出售,每股成本为 8 元。晟启公司对 A 公司不具有控制、共同控制或重大影响,另支付交易费用 5 万元。该公司将其划分为以公允价值计量且其变动计入当期损益的金融资产。12 月 31 日,A 公司股票的市场价格为每股 9 元。

（2）1 月 1 日,购入 B 公司当日按面值发行的三年期债券 1 000 万元,晟启公司以收取合同现金流量为目标,将其划分为以摊余成本计量的金融资产。该债券票面年利率为4%,与实际年利率相同,利息于每年12月31日支付。12月31日,该公司持有的该债券市场价格为1 002万元。

(3) 9月1日,取得C上市公司500万股股票,成本为2 500万元,对C上市公司不具有控制、共同控制或重大影响。晟启公司在取得该股份时将其指定为以公允价值计量且其变动计入其他综合收益的金融资产。该股份于2024年12月31日的市场价格为2 400万元。

要求:请分别计算晟启公司各项投资的初始成本并编制投资时的会计分录,分别说明该公司持有的各项投资后续计量的方法;分别编制其在2024年12月31日的相关会计分录,并说明其在2024年12月31日资产负债表的列报项目及其金额。

5. 晟启公司于2024年1月1日从证券市场购入B公司2023年1月1日发行的债券,期限为5年,票面年利率为5%,每年1月5日支付上年度的利息,到期日为2028年1月1日,到期日一次归还本金和最后一期的利息。晟启公司购入债券的面值为1 000万元,实际支付的价款是1 005.35万元,另外,支付相关费用10万元。该公司购入以后将其划分为以摊余成本计量的金融资产,债券实际年利率为6%,假定按年计提利息。2024年12月31日,B公司发生财务困难,该债券预计未来现金流量的现值为930万元(不属于暂时性的公允价值变动)。2025年1月2日,晟启公司将该以摊余成本计量的金融资产重分类为以公允价值计量且其变动计入其他综合收益的金融资产,且其公允价值为925万元。2025年2月20日,该公司以890万元的价格出售所持有的B公司债券。晟启公司按10%提取盈余公积,不考虑其他因素。

要求:

(1) 编制2024年1月1日购入债券时的会计分录。

(2) 编制2024年1月5日收到利息时的会计分录。

(3) 编制2024年12月31日确认利息收入的会计分录。

(4) 计算2024年12月31日应计提的减值准备的金额,并编制相应的会计分录。

(5) 编制2025年1月2日以摊余成本计量的金融资产重分类为以公允价值计量且

其变动计入其他综合收益的金融资产的会计分录。

（6）编制 2025 年 2 月 20 日出售债券的会计分录。

6. 2024 年 1 月 10 日，晟启公司以 1 000 万元取得 B 公司 25% 的股权投资。2024 年 5 月 10 日，B 公司宣告发放现金股利 50 万元。2024 年 12 月 31 日，B 公司实现净利润 80 万元。2024 年 12 月 31 日，晟启公司股权投资的可收回金额为 950 万元。2025 年 5 月 10 日，B 公司宣告发放现金股利 20 万元。2025 年 12 月 31 日，晟启公司股权投资的可收回金额为 800 万元。

要求： 采用权益法对上述业务进行账务处理。

7. 晟启公司于 2024 年 1 月 1 日以一批原材料对乙企业进行长期股权投资，占乙企业 70% 的股权。投出的原材料账面余额为 1 400 万元，公允价值为 1 700 万元；投资时乙企业可辨认净资产公允价值为 2 800 万元。假设两家公司不属于同一控制下的企业合并。2024 年乙企业实现净利润 230 万元；2025 年 3 月 20 日，乙公司宣告分派现金股利 90 万元。

要求： 对晟启公司的上述投资业务进行账务处理。

8. 晟启公司 2024 年 5 月 1 日以库存商品自丙公司手中换得乙公司 80% 的股权,晟启公司、乙公司和丙公司同属一个企业集团,库存商品的成本为 800 万元,公允价值为 1 000 万元,适用的增值税税率为 13%,消费税税率为 8%,该存货已计提跌价准备 10 万元,当天乙公司在最终控制方合并报表中的账面净资产为 1 000 万元,可辨认净资产公允价值为 1 200 万元,当日晟启公司资本公积余额为 24 万元,全部为股本溢价,盈余公积结余额为 36 万元。晟启公司另支付了审计费、评估费 2 万元。

要求:

(1) 编制晟启公司上述业务的相关会计分录。

(2) 资料同前,如果此合并是非同一控制下的企业合并,编制晟启公司上述相关会计分录。

9. 2023 年 1 月 1 日,晟启公司支付现金 1 200 万元给 B 公司,持有 B 公司 20% 的股权(具有重大影响),采用权益法核算。假设未发生直接相关费用和税金。受让股权时 B 公司的可辨认净资产公允价值为 4 800 万元。2023 年 12 月 31 日,B 公司 2023 年实现的净利润为 900 万元;本年度因某经济事项使资本公积增加 290 万元。2024 年 4 月 8 日,B 公司宣告分配现金股利 380 万元;晟启公司于 4 月 28 日收到。2024 年 B 公司发生亏损 1 720 万元,2024 年年末晟启公司对 B 公司的投资可收回金额为 1 200 万元。2025 年 1 月 9 日,晟启公司经协商,将持有 B 公司的全部股权转让给丁企业,收到股权转让款 1 000 万元。

要求: 编制晟启公司上述业务的相关会计分录。

10. 晟启公司持有 M 公司 40% 的股权,2022 年 12 月 31 日长期股权投资——M 公司(投资成本)的借方余额为 3 000 万元,长期股权投资——M 公司(损益调整)贷方余额为 2 760 万元。2023 年度 M 公司亏损 1 000 万元,晟启公司持有 M 公司 350 万元的应收长期债权。2024 年度 M 公司亏损 600 万元。2025 年度 M 公司实现利润 1 050 万元。

要求:采用权益法对晟启公司进行会计处理。

11. 晟启公司与乙公司无关联方关系。晟启公司 2024 年 4 月 1 日自二级股票市场购入乙公司 10% 的股份,买价为 180 万元,另支付相关税费 10 万元。该股份达不到对乙公司的重大影响程度,晟启公司将其指定为以公允价值计量且其变动计入其他综合收益的金融资产。当日乙公司可辨认净资产公允价值为 2 000 万元。乙公司于 7 月 15 日宣告分红 50 万元,于 8 月 5 日实际发放。乙公司全年实现净利润 200 万元,假定利润在各月间均衡分布。2024 年年末,晟启公司所持乙公司股份的公允价值为 230 万元。2025 年 4 月 1 日,晟启公司再次自二级股票市场买入 50% 的乙公司股份,买价为 1 200 万元,另支付相关审计费、评估费等 50 万元,达到了对乙公司的控制能力,当日原 10% 股份的公允价值为 240 万元。当日乙公司可辨认净资产公允价值为 3 000 万元。

要求:编制晟启公司上述与金融资产、长期股权投资相关的会计分录。

项目六　常见融资业务核算

学习指导

一、短期借款的账务处理

表 6-1　短期借款的账务处理

业 务 内 容	账 务 处 理
取得借款	借：银行存款 　　贷：短期借款
计提借款利息	借：财务费用 　　贷：应付利息
偿还借款利息	借：应付利息 　　贷：银行存款
归还短期借款	借：短期借款 　　贷：银行存款

二、长期借款的账务处理

表 6-2　长期借款的账务处理

业 务 内 容	账 务 处 理
取得借款	借：银行存款 　　长期借款——利息调整（或贷方） 　　贷：长期借款——本金
计提借款利息	借：财务费用（生产经营期间不符合资本化条件的利息） 　　管理费用（筹建期间不符合资本化条件的利息） 　　在建工程（购建固定资产符合资本化条件的利息）

业务内容	账务处理
计提借款利息	制造费用(生产产品符合资本化条件的利息) 研发支出(开发无形资产符合资本化条件的利息) 　贷：应付利息(分期偿还的利息) 　　　长期借款——应计利息(到期一次性偿还的利息) 　　　长期借款——利息调整(或借方)
偿还借款利息	借：应付利息(分期偿还的付息) 　　长期借款——应计利息(到期一次性偿还的利息) 　贷：银行存款
到期归还本金	借：长期借款——本金 　贷：银行存款

三、应付债券的账务处理

表6-3　应付债券的账务处理

业务内容	账务处理	
	分期付息、到期还本	到期一次还本付息
发行债券	借：银行存款等 　　应付债券——利息调整(或贷方) 　贷：应付债券——面值	
计提利息	借：在建工程/制造费用/财务费用/研发支出等(摊余成本×实际利率) 　贷：应付利息(票面金额×票面利率) 　　　应付债券——利息调整(或借方)	借：在建工程/制造费用/财务费用/研发支出等 　贷：应付债券——应计利息 　　　　　　　——利息调整 　　　　　　　(或借方)
支付利息时：	借：应付利息 　贷：银行存款等	
到期偿还时	计算最后一期利息时： 借：在建工程/财务费用等 　贷：应付利息 　　　应付债券——利息调整(或借方) 偿还本金和最后一期利息时： 借：应付债券——面值 　　应付利息 　贷：银行存款	计算最后一期利息时： 借：在建工程/财务费用等 　贷：应付债券——应计利息 　　　　　　　——利息调整 　　　　　　　(或借方) 偿还本金和利息时： 借：应付债券——面值 　　　　　　——应计利息 　贷：银行存款

四、权益工具融资的账务处理

表 6–4　权益工具融资的账务处理

经 济 业 务	账 务 处 理
发行普通股	借：银行存款 　　贷：股本（每股面值×发行股数） 　　　　资本公积——股本溢价（差额）
发行费用	溢价发行股票，发行费用直接从溢价收入中扣除，冲减资本公积——股本溢价。平价发行或溢价不足以支付发行费用的部分，依次冲减盈余公积和未分配利润。 借：资本公积——股本溢价 　　盈余公积 　　利润分配——未分配利润 　　贷：银行存款
发行优先股	借：银行存款（发行价–手续费、佣金等） 　　贷：其他权益工具——优先股
可转换优先股转为普通股	借：其他权益工具——优先股 　　贷：股本 　　　　资本公积——股本溢价
回购股票	借：库存股 　　贷：银行存款
注销股票	（1）若回购价大于股票面值，差额冲减资本公积——股本溢价，不足冲减的，依次冲减盈余公积和利润分配——未分配利润。 借：股本（每股面值×注销股数） 　　资本公积——股本溢价 　　盈余公积 　　利润分配——未分配利润 　　贷：库存股（每股回购价×注销股数） （2）若回购价小于股票面值，差额计入资本公积——股本溢价。 借：股本（每股面值×注销股数） 　　贷：库存股（每股回购价×注销股数） 　　　　资本公积——股本溢价（差额）

✎ 技能测试

一、单项选择题

1. "短期借款"账户贷方核算的内容是（　　）。

    A. 借入本金   B. 预提借款利息

    C. 偿还借款本息   D. 借款利息

2. 短期借款利息核算不涉及的会计账户是( )。

    A."短期借款"   B."应付利息"   C."财务费用"   D."银行存款"

3. 2024 年 7 月 1 日,晟启公司向银行借入资金 200 万元,期限为 6 个月,年利率为 3%,借款利息按月计提,到期一次还本付息。2024 年 12 月 31 日,该企业应支付给银行( )万元。

    A. 200   B. 200.5   C. 202.5   D. 203

4. 资产负债表日,下列企业对生产经营期间按合同利率计算的短期借款利息费用的会计处理中,正确的是( )。

    A. 借记"财务费用"账户,贷记"短期借款"账户

    B. 借记"财务费用"账户,贷记"其他应付款"账户

    C. 借记"财务费用"账户,贷记"应付利息"账户

    D. 借记"短期借款"账户,贷记"应付利息"账户

5. 假设企业每月月末计提利息,每季度末支付短期借款利息。2024 年 1 月 1 日,向银行借款 100 000 元,期限为 6 个月,年利率为 6%。则下列 2024 年 3 月份短期借款利息的会计处理中,正确的是( )。

    A. 借:财务费用 500   B. 借:财务费用 1 500

        贷:银行存款 500   贷:银行存款 1 500

    C. 借:财务费用 1 000   D. 借:财务费用 500

        应付利息 500   应付利息 1 000

          贷:银行存款 1 500   贷:银行存款 1 500

6. 2024 年 1 月 1 日,晟启公司从银行借入一笔生产经营周转借款 120 000 元,期限为 9 个月,年利率为 4%,到期一次还本付息,企业按月预提利息。则 2024 年 9 月末企业归还本利时应冲减"应付利息"账户的金额为( )元。

    A. 3 200   B. 3 600   C. 0   D. 1 236

7. 分期付息、到期还本长期借款利息计算和支付,应通过( )账户核算。

    A."应付利息"   B."其他应付款"   C."长期借款"   D."长期应付款"

8. ( )是指从银行或其他金融机构借入的期限在一年以上的各种借款。

    A. 应付债券   B. 长期借款   C. 长期应付款   D. 应付账款

9. 长期借款所发生的利息支出、汇兑损益等借款费用,不记入( )会计账户。

    A."在建工程"   B."管理费用"   C."财务费用"   D."营业外支出"

10. 企业借入长期借款,按实际收到的款项,借记"银行存款",按借款本金贷记"长期借款——本金"账户,两者之间若有差额,记入( )账户。

    A."财务费用"   B."长期借款——利息调整"

    C."投资收益"   D."应付利息"

11. 在资产负债表中,下列各项中,不属于流动负债项目的是( )。

    A. 应付债券   B. 交易性金融负债

    C. 预收账款   D. 应付股利

12. 下列项目中,不属于非流动负债的是( )。

    A. 长期借款   B. 应付债券   C. 预计负债   D. 预收账款

13. 就发行债券的企业而言,所获债券溢价收入的实质是( )。

    A. 为以后少付利息而付出代价   B. 为以后多付利息而得到补偿

    C. 本期利息收入   D. 以后期间的利息收入

14. 2024 年 1 月 1 日,晟启公司发行分期付息、到期一次还本的 5 年期公司债券,实际收到的款项为 18 800 万元,该债券面值总额为 18 000 万元,票面年利率为 5%。利息于每年年末支付;实际年利率为 4%。2024 年 12 月 31 日,晟启公司该项应付债券的摊余成本为( )万元。

    A. 18 000   B. 18 652   C. 18 800   D. 18 948

15. 某股份制公司委托某证券公司代理发行普通股 100 000 股,每股面值为 1 元,每股按 1.1 元的价格出售,按协议,证券公司收取 3% 的手续费,从发行收入中扣除。则该公司计入资本公积的数额为( )元。

    A. 6 700   B. 3 000   C. 110 000   D. 0

16. 某股份有限公司首次公开发行普通股 500 万股,每股面值为 1 元,每股发行价格为 6 元,相关手续费和佣金共计 95 万元(不考虑增值税),不考虑其他因素。该公司发行股票应计入资本公积的金额为( )万元。

    A. 2 905   B. 2 405   C. 2 500   D. 3 000

17. 某股份有限公司对外公开发行普通股 2 000 万股,每股面值为 1 元,每股发行价格为 3 元,发行手续费 600 000 元从发行收入中扣除,发行所得款项存入银行,不考虑其他因素。下列各项会计处理中,正确的是( )。

    A. 借:银行存款   59 400 000

        贷:股本   20 000 000

            资本公积   39 400 000

    B. 借:银行存款   59 400 000

            财务费用   600 000

        贷:股本   20 000 000

            资本公积   40 000 000

    C. 借:银行存款   60 000 000

            财务费用   600 000

        贷:股本   20 000 000

            资本公积   40 600 000

    D. 借:银行存款   60 000 000

        贷:股本   60 000 000

18. 下列各项中,企业筹建期间发生的不符合资本化条件的长期借款利息应记入的会计账户是( )。

    A. "管理费用"   B. "长期待摊费用"

    C. "财务费用"   D. "营业外支出"

19. 下列各项中,股份有限公司回购股票支付的价款低于股票面值总额的差额,在注销股票时应记入的会计账户是( )。

    A. "资本公积——股本溢价"   B. "利润分配——未分配利润"

C. "盈余公积"　　　　　　　　　　D. "营业外收入"

20. 下列各项中,关于股份有限公司溢价发行股票相关会计处理的表述中,正确的是( )。

A. 发行股票发生的交易费用,应单独计入当期损益

B. 溢价总额不足以抵扣发行股票发生的交易费用的差额,应冲减股本

C. 溢价总额高于发行股票发生的交易费用的差额,应作为资本公积入账

D. 溢价总额不足以抵扣发行股票发生的交易费用的差额,应计入当期损益

二、多项选择题

1. 下列有关短期借款的说法中,正确的有( )。

A. 短期借款利息如果按月支付,且数额不大的,可以不预提

B. 企业取得短期借款所发生的费用化利息费用应计入财务费用

C. 短期借款应按借款种类及贷款人进行明细核算

D. 短期借款是指从金融机构借入的期限在 1 年(或超过 1 年的一个营业周期)以内的款项

2. 企业计提短期借款利息的时候,借方不可能涉及的会计账户有( )。

A. "财务费用"　　　　　　　　　　B. "应付利息"

C. "短期借款"　　　　　　　　　　D. "管理费用"

3. 若短期借款利息采取月末预提的方式,则下列预提短期借款利息的账务处理中,正确的有( )。

A. 借记"财务费用"账户　　　　　　B. 借记"销售费用"账户

C. 贷记"应付利息"账户　　　　　　D. 贷记"短期借款"账户

4. 下列选项中,属于长期负债的有( )。

A. 长期借款　　　B. 长期应付款　　　C. 应付账款　　　D. 应付票据

5. 长期借款发生的利息费用,根据借款用途,可以直接记入的会计账户有( )。

A. "财务费用"　　　　　　　　　　B. "在建工程"

C. "营业外支出"　　　　　　　　　D. "管理费用"

6. 对于分期付息、一次还本的债券,应于资产负债表日按摊余成本和实际利率计算确定的债券利息,可能借记的会计账户有( )。

A. 在建工程　　　B. 销售费用　　　C. 财务费用　　　D. 研发支出

7. "应付债券"科目根据核算内容一般应设( )等明细科目。

A. 面值　　　B. 利息调整　　　C. 应付利息　　　D. 应计利息

8. "应付债券"账户的贷方反映的内容有( )。

A. 债券发行时产生的债券溢价　　　B. 债券发行时产生的债券折价

C. 期末计提的应付债券利息　　　　D. 发行时债券的面值

9. 下列各项中,关于企业发行股票交易费用的会计处理表述中,正确的有( )。

A. 应计入管理费用

B. 无溢价发行股票的,其交易费用应冲减盈余公积

C. 溢价发行股票且溢价足以抵扣交易费用的,应从溢价中抵扣

D. 溢价金额不足抵扣交易费用的,应冲减资本公积

10. 下列各项中,发生长期借款利息的账务处理可能涉及的会计账户有(   )。

A. "管理费用"

B. "财务费用"

C. "长期借款——应计利息"

D. "应付利息"

11. 下列关于长期借款利息的说法中,正确的有(   )。

A. 购建固定资产过程中发生的、未达到预定可使用状态前符合借款费用资本化条件的利息应记入"在建工程"账户

B. 筹建期间发生的不符合借款费用资本化条件的利息应记入"管理费用"账户

C. 对于一次还本付息的长期借款,计提的利息应贷记"长期借款——应计利息"账户

D. 生产经营用借款的利息应记入"财务费用"账户

12. 晟启公司于 2024 年 4 月 1 日按面值发行三年期、到期时一次还本付息、票面年利率为 6%(不计复利)、面值总额为 1 000 万元的债券,并于当日收到款项 1 000 万元。假定票面年利率等于实际利率,企业于年末计提债券利息。发行债券所筹资金于当日用于建造固定资产。下列相关账务处理中,正确的有(   )。

A. 2024 年 4 月 1 日发行债券时:

借:银行存款   1 000

    贷:应付债券——面值   1 000

B. 2024 年 12 月 31 日工程尚未完工,计提本年长期债券利息时:

借:在建工程   45

    贷:应付债券——应计利息   45

C. 2024 年 12 月 31 日工程尚未完工,计提本年长期债券利息时:

借:在建工程   45

    贷:应付利息   45

D. 2027 年 3 月 31 日,晟启公司以银行存款偿还债券本金和利息时:

借:应付债券——面值   1 000

              ——应计利息   180

    贷:银行存款   1 180

13. 下列关于回购及注销股票的说法中,正确的有(   )。

A. 注销库存股时,按股票面值和注销股数计算的股票面值总额,借记"股本"账户

B. 如果回购股票支付的价款高于面值总额,注销时,按注销库存股的账面余额,贷记"库存股"账户,按其库存股与股本的差额借记"资本公积——股本溢价"等账户

C. 回购股票,将导致所有者权益总额减少

D. 如果回购股票支付的价款低于面值总额。注销时,应按股票面值总额借记"股本"账户,按所注销的库存股账面余额,贷记"库存股"账户,按其差额,贷记"资本公积——股本溢价"账户

14. 下列关于其他权益工具的账务处理的说法中,正确的有(   )。

A. 企业发行金融工具时发生的手续费、佣金等交易费用,如分类为债务工具且以摊余成本计量的,应当从"其他权益工具"账户中扣除

B. 企业按规定发行的其他权益工具在存续期间分派股利的,借记"利润分配"账户,

贷记"应付股利"账户

  C. 企业按规定赎回其他权益工具时,借记"库存股——其他权益工具"账户,贷记"银行存款"等账户

  D. 企业按规定注销其他权益工具时,借记"其他权益工具"账户,贷记"库存股——其他权益工具"账户

三、判断题

1. 短期借款利息在预提或实际支付时均应通过"短期借款"账户核算。   ( )

2. 如果企业的短期借款利息是在借款到期时连同本金一起归还的,数额不大的情况下可以不采用预提方式,在实际支付时直接计入当期损益。 ( )

3. "长期借款"账户与"短期借款"账户相同,使用时既要核算借款本金,又要核算借款利息。 ( )

4. 企业向银行或其他金融机构借入的各种款项所发生的利息均计入财务费用。( )

5. 长期借款利息费用应在期末按实际利率法计算确定,实际利率与合同利率差异较小的,也可以采用合同利率计算确定。 ( )

6. 期末长期借款利息费用属于生产经营期间的,计入管理费用。 ( )

7. 长期借款用于购建固定资产满足资本化条件利息,计入工程成本。 ( )

8. 企业溢价发行股票发生的相关手续费、佣金等交易费用,应计入财务费用。 ( )

9. 发行股票相关的手续费、佣金等交易费用,应当计入当期损益。 ( )

10. 债券溢价或折价不是债券发行企业的收益或损失,而是发行债券企业在债券存续期内对利息费用的一种调整。 ( )

11. 优先股的特点是股东对公司资产、利润分配等享有优先权,但对公司的经营没有参与权,优先股股东不能退股,只能通过优先股的赎回条款被公司赎回。 ( )

🏠 实训操作

  1. 2024 年 1 月 1 日,晟启公司从银行借入短期借款 12 万元,期限为 6 个月,年利率为 8%。该借款本金到期后偿还,利息分月预提,按季支付。

  要求:根据上述资料,编制晟启公司相关业务的会计分录。

  2. 晟启公司于 2024 年 1 月 1 日从银行借入专门借款 400 万元用于购建生产经营用固定资产,借款期限为 3 年,年利率为 5%。到期一次还本,每年利息于次年的 1 月 6 日支付,所借款项已存入银行。公司用该借款于当日购买设备一台,价款为 300 万元,增值税

税额为 39 万元,当日投入安装,2024 年 12 月 31 日设备安装完毕达到预定可使用状态。

要求: 根据上述资料,编制晟启公司相关业务的会计分录。

3. 晟启公司于 2024 年 1 月 1 日发行 3 年期、每年 12 月 31 日付息、到期一次还本的公司债券,债券面值为 1 000 000 元,票面年利率为 5%,实际利率为 4%,发行价格为 1 027 800 元,按实际利率法确认利息费用。该债券筹集资金用于建造厂房,2025 年 12 月 31 日完工交付使用。

要求: 编制从债券发行到债券到期的相关会计分录。

4. 晟启公司于 2024 年 1 月 1 日发行 3 年期、每年 12 月 31 日付息、到期一次还本的公司债券,债券面值为 2 000 000 元,票面年利率为 5%,实际利率为 6%,发行价格为 1 946 500 元,按实际利率法确认利息费用。该债券筹集资金用于建造厂房,2025 年 12 月 31 日完工交付使用。

要求: 编制从债券发行到债券到期的相关会计分录。

5. 晟启公司于 2024 年 1 月 1 日发行 5 年期、一次还本、分期付息的公司债券,每年 12 月 31 日支付利息。该公司债券票面年利率为 5%,面值总额为 300 000 万元,发行价格总额为 313 347 万元;支付发行费用 120 万元。假定该公司每年年末采用实际利率法摊销债券溢折价,实际年利率为 4%。

要求: 编制从债券发行到债券到期的相关会计分录。

6. 晟启公司委托某证券公司代理发行普通股 5 000 000 股,每股面值为 1 元,每股发行价为 1.5 元。企业与证券公司约定,按发行收入的 2% 收取佣金,从发行收入中扣除。假定收到股款已存入银行。

要求:编制上述业务的会计分录。

7. 2024 年 6 月 30 日,晟启公司的股本为 5 000 万元(面值为 1 元),资本公积(股本溢价)为 1 000 万元,盈余公积为 1 600 万元。经股东大会批准,该公司回购本公司股票 200 万股并注销,回购价格为每股 3 元,不考虑其他因素。

要求:编制该公司注销全部库存股的相关会计分录。

8. 晟启公司属于增值税一般纳税人,A 公司 2024 年度发生的有关交易或事项资料如下:

(1) 以盈余公积转增资本 1 000 万元。

(2) 以盈余公积补亏 500 万元。

(3) 计提法定盈余公积 100 万元,计提任意盈余公积 50 万元。

(4) 宣告发放现金股利 600 万元。

(5) 因自然灾害毁损原材料一批,账面价值为 100 万元,增值税进项税额为 17 万元,尚未批准处理。

(6) 持有的交易性金融资产公允价值上升 60 万元。

(7) 回购本公司股票 300 万股并注销,每股面值为 1 元,回购价格为 5 元,注销前"资本公积——股本溢价"账户的贷方余额为 1 600 万元。

要求:根据上述资料,不考虑其他相关因素,分析回答下列问题(单位:万元)。

(1) 下列关于上述事项对所有者权益影响的说法中,正确的是(　　)。

　　A. 资料(1)不会引起所有者权益总额的增减变动

　　B. 资料(2)会使所有者权益减少

　　C. 资料(3)不会引起所有者权益总额的增减变动

　　D. 资料(4)会使所有者权益减少

(2) 对于自然灾害造成的材料毁损,在批准处理前,正确的会计处理是(　　)。

　　A. 借:待处理财产损溢　　　　　　　　　　　　　　100
　　　　　贷:原材料　　　　　　　　　　　　　　　　　　　100

　　B. 借:待处理财产损溢　　　　　　　　　　　　　　116
　　　　　贷:原材料　　　　　　　　　　　　　　　　　　　100
　　　　　　应交税费——应交增值税(进项税额转出)　　　16

    C. 借：营业外支出   100

            贷：原材料   100

    D. 借：营业外支出   116

            贷：原材料   100

                应交税费——应交增值税（进项税额转出）   16

（3）关于晟启公司交易性金融资产公允价值上升的会计处理中，正确的是（   ）。

    A. 应计入投资收益的金额为 60 万元

    B. 应计入公允价值变动损益的金额为 60 万元

    C. 应计入营业外收入的金额为 60 万元

    D. 应计入其他业务收入的金额为 60 万元

（4）关于晟启公司注销库存股的会计分录，正确的是（   ）。

    A. 借：股本   300

        资本公积——股本溢价   1 200

            贷：库存股   1 500

    B. 借：股本   1 500

            贷：库存股   1 500

    C. 借：股本   300

        营业外支出   1 200

            贷：库存股   1 500

    D. 借：库存股   1 500

            贷：股本   300

                资本公积——股本溢价   1 200

（5）上述交易或事项对晟启公司 2024 年度营业利润的影响是（   ）。

    A. 210 万元   B. 300 万元   C. 60 万元   D. 50 万元

项目七 职工薪酬核算

学习指导

一、职工薪酬概述

职工薪酬是指企业为获得职工提供的服务或解除劳动关系而给予的各种形式的报酬或补偿。

（一）职工的分类

表 7-1 职工的分类

分　类	说　明
与企业订立劳动合同的所有人员	含全职、兼职和临时职工
未与企业订立劳动合同,但由企业正式任命的企业治理层和管理层人员	如董事会成员、监事会成员等
虽未与企业订立劳动合同或未由其正式任命,但向企业所提供服务与职工所提供服务类似的人员	通过企业与劳务中介公司签订用工合同而向企业提供服务的人员

（二）职工薪酬的分类

职工薪酬主要包括短期薪酬、离职后福利、辞退福利和其他长期职工福利。

表 7-2 职工薪酬分类

分　类	定　义	内　容
短期薪酬	企业预期在职工提供相关服务的年度报告期间结束后十二个月内将全部予以支付的职工薪酬,因解除与职工的劳动关系给予的补偿除外	职工工资、奖金、津贴和补贴,职工福利费,医疗保险费、工伤保险费等社会保险费,住房公积金,工会经费和职工教育经费,短期带薪缺勤,短期利润分享计划、非货币性福利,以及其他短期薪酬

分　类	定　义	内　容
离职后福利	企业为获得职工提供的服务而在职工退休或与企业解除劳动关系后,提供的各种形式的报酬和福利,短期薪酬和辞退福利除外	离职后福利分为设定受益计划和设定提存计划,养老保险和失业保险属于设定提存计划
辞退福利	企业在职工劳动合同到期之前解除与职工的劳动关系,或者为鼓励职工自愿接受裁减而给予职工的补偿	不区分辞退人员所属部门,发生辞退福利时直接计入当期损益(管理费用)
其他长期职工福利	指除短期薪酬、离职后福利、辞退福利之外所有的职工薪酬	长期带薪缺勤、长期残疾福利、长期利润分享计划等

二、职工薪酬的账务处理

表 7-3　职工薪酬的账务处理

经　济　业　务		账　务　处　理
工资	计提工资	借:生产成本 　制造费用 　管理费用 　销售费用 　在建工程 　研发支出等 　贷:应付职工薪酬——工资
	实际发放	借:应付职工薪酬——工资 　贷:其他应收款——职工房租 　　　　　　——代垫医药费 　应交税费——应交个人所得税 　其他应付款(个人负担的社保)
职工福利费、职工教育经费和工会经费	分配时	借:生产成本 　制造费用 　管理费用 　销售费用 　在建工程 　研发支出等 　贷:应付职工薪酬——职工福利费 　　　　　　——职工教育经费 　　　　　　——工会经费
	实际支付	借:应付职工薪酬——职工福利费 　　　　　　——职工教育经费 　　　　　　——工会经费 　贷:银行存款

经 济 业 务		账 务 处 理
社会保险费及住房公积金	计提时	借：生产成本 　　制造费用 　　管理费用 　　销售费用 　　在建工程 　　研发支出等 　　贷：应付职工薪酬——社会保险费用 　　　　　　　　　——住房公积金
	实际缴纳	借：应付职工薪酬——社会保险费（企业负担的部分） 　　　　　　　　　——住房公积金（企业负担的部分） 　　其他应付款（个人负担的部分） 　　贷：银行存款
非货币性福利	发放自产产品作为职工福利	① 确认成本费用时： 借：生产成本 　　管理费用 　　销售费用等 　　贷：应付职工薪酬——非货币性福利 ② 实际发放，视同销售： 借：应付职工薪酬——非货币性福利 　　贷：主营业务收入 　　　　应交税费——应交增值税（销项税额） ③ 同时，结转成本： 借：主营业务成本 　　贷：库存商品
	发放外购的商品作为职工福利	① 确认成本费用时： 借：生产成本 　　管理费用 　　销售费用等 　　贷：应付职工薪酬——非货币性福利 ② 实际发放，进项税额转出： 借：应付职工薪酬 　　贷：库存商品 　　　　应交税费——应交增值税（进项税额转出）
	将自有固定资产无偿提供给职工使用	借：生产成本 　　管理费用 　　销售费用等 　　贷：应付职工薪酬——非货币性福利 借：应付职工薪酬——非货币性福利 　　贷：累计折旧

续　表

经　济　业　务		账　务　处　理
累积带薪缺勤	带薪权利可以结转下期的带薪缺勤	借：生产成本 　　管理费用 　　销售费用等 　贷：应付职工薪酬——累积带薪缺勤
非累积带薪缺勤	带薪权利不能结转下期的带薪缺勤	通常情况下，与非累积带薪缺勤相关的职工薪酬已经包括在企业每期向职工发放的工资等薪酬中，因此，不必额外作相应的账务处理
辞退福利	因解除与职工的劳动关系给予补偿时	① 确认费用： 借：管理费用（不区分受益对象） 　贷：应付职工薪酬——辞退福利 ② 实际发放： 借：应付职工薪酬——辞退福利 　贷：银行存款

✎ 技能测试

一、单项选择题

1. 下列各项中,不属于企业职工薪酬组成内容的是(　　)。

　A. 为职工代垫的房租

　B. 根据设定提存计划计提应向单独主体缴存的提存金

　C. 为鼓励职工自愿接受裁减而给予职工的补偿

　D. 按国家规定标准提取的职工教育经费

2. 下列各项中,不属于企业职工薪酬的是(　　)。

　A. 为职工缴纳的医疗保险　　　　　B. 为职工缴存的住房公积金

　C. 为职工报销因公差旅费　　　　　D. 支付职工技能培训费

3. 下列各项中,企业根据本月"工资费用分配汇总表"分配财务部门人员薪酬时,应借记的会计账户是(　　)。

　A."主营业务成本"　　　　　　　　B."管理费用"

　C."其他业务成本"　　　　　　　　D."财务费用"

4. 下列各项中,属于企业按规定代扣代缴职工个人所得税时,应借记的会计账户是(　　)。

　A."管理费用"　　　　　　　　　　B."税金及附加"

　C."营业外支出"　　　　　　　　　D."应付职工薪酬"

5. 晟启公司根据所在地政府的规定,按照职工工资总额的一定比例计提基本养老保险,并缴存当地社会保险经办机构。对于计提的基本养老保险,应当属于(　　)。

　A. 设定受益计划　　　　　　　　　B. 设定提存计划

C. 辞退福利　　　　　　　　　D. 其他长期职工福利

6. 某企业将自产的一批产品作为非货币性福利发给车间生产工人,该批产品不含税售价为 50 000 元,成本为 35 000 元,适用的增值税税率为 13%。下列各项中,发放的该项非货币性福利应计入生产成本的金额为(　　)元。

A. 41 500　　　　B. 35 000　　　　C. 56 500　　　　D. 50 000

7. A 公司实行的带薪缺勤制度规定,职工累积未使用的带薪缺勤权利可以无限期结转,且可以于职工离开企业时以现金支付,每个职工每年可享受 10 个工作日带薪年休假。2024 年 12 月 31 日,每个职工当年平均未使用带薪年休假为 4 天。A 公司 2 000 名职工中,100 名为总部各部门经理,500 名为研发部门人员,1 400 名为直接生产工人。该公司平均每名职工每个工作日工资为 600 元。A 公司 2024 年预计由于职工累积未使用的带薪年休假权利而确认的成本费用是(　　)万元。

A. 480　　　　B. 120　　　　C. 720　　　　D. 0

8. 企业因在职工劳动合同到期之前解除与职工的劳动关系并给予职工补偿而发生的职工薪酬应计入(　　)。

A. 营业外支出　　B. 管理费用　　C. 生产成本　　D. 销售费用

9. 下列各项中,企业为管理人员提供免费使用汽车的折旧费,应借记的会计账户是(　　)。

A.“制造费用”　　B.“应付职工薪酬”　　C.“生产成本”　　D.“营业外支出”

10. 晟启公司以现金支付某行政管理人员生活困难补助 2 000 元,下列会计处理正确的是(　　)。

A. 借:管理费用　　　　　　　　　2 000
　　　贷:库存现金　　　　　　　　　　　　2 000

B. 借:其他业务成本　　　　　　　2 000
　　　贷:库存现金　　　　　　　　　　　　2 000

C. 借:管理费用　　　　　　　　　2 000
　　　贷:应付职工薪酬　　　　　　　　　　2 000

D. 借:应付职工薪酬　　　　　　　2 000
　　　贷:库存现金　　　　　　　　　　　　2 000

11. 下列关于非累积带薪缺勤的表述中,不正确的是(　　)。

A. 我国企业职工休婚假、产假、病假等期间的工资一般属于非累积带薪缺勤

B. 与非累积带薪缺勤相关的职工薪酬未包含在职工工资等薪酬中

C. 非累积带薪缺勤不能结转到下期

D. 企业应当在职工实际发生缺勤的会计期间确认与其相关的职工薪酬

12. 晟启公司有 100 名职工,该公司实行累积带薪缺勤制度。该制度规定,每个职工每年可享受 3 天的带薪假,该假日可与国家法定假日连用,未使用的假日可以向以后年度无限期结转。在晟启公司 100 名职工中,有 10 名销售人员,每名职工平均月工资为 1 250 元,平均每个工作日 50 元。2024 年,这 10 名职工中有 7 人使用了 3 天的带薪假期,剩余的 3 名职工未使用本年的带薪假。则晟启公司该年实际支付给这 10 名销售人员的职工薪酬为(　　)元。

　　A. 150 000　　　　　B. 250 000　　　　　C. 105 000　　　　　D. 300 000

二、多项选择题

1. 企业的下列支出中,属于职工薪酬范围的有(　　　　　)。

　　A. 支付给职工超额劳动的奖金　　　　　B. 支付给职工的出差津贴

　　C. 支付给职工的住房公积金　　　　　D. 支付给职工的物价补贴

2. 分配工资费用,应贷记"应付职工薪酬"账户,借记(　　　　)账户。

　　A. "生产成本"　　　B. "研发支出"　　　C. "财务费用"　　　D. "在建工程"

3. 下列关于职工薪酬的说法中,正确的有(　　　　)。

　　A. 企业将拥有的房屋等资产无偿提供给职工使用的,应当根据受益对象,按照该住房每期应计提的折旧计入相关资产成本或当期损益,同时确认应付职工薪酬

　　B. 企业以其自产产品作为非货币性福利发放给职工的,应当根据受益对象,按照产品的公允价值和相关税费,计入相关资产成本或当期损益,同时确认应付职工薪酬

　　C. 辞退福利统一列支于管理费用,与辞退职工原所在岗位无关

　　D. 企业租赁住房等资产供职工无偿使用的,应当根据受益对象,将每期应付的租金计入相关资产成本或当期损益,并确认应付职工薪酬

4. 下列各项中,属于短期薪酬的有(　　　　)。

　　A. 职工工资　　　　　　　　　　　B. 医疗保险费

　　C. 辞退福利　　　　　　　　　　　D. 津贴和补贴

5. 下列各项中,企业分配职工薪酬时应计入当期损益的有(　　　　)。

　　A. 专设销售机构人员薪酬　　　　　B. 自营工程施工人员薪酬

　　C. 行政管理人员薪酬　　　　　　　D. 基本生产车间管理人员薪酬

6. 下列各项中,属于短期薪酬的有(　　　　)。

　　A. 支付给职工的生活困难补助

　　B. 用于开展职工教育及职工技能培训的支出

　　C. 为职工报销因公差旅费

　　D. 为职工缴纳的医疗保险

7. 下列各项中,应通过"应付职工薪酬——非货币性福利"账户核算的有(　　　　)。

　　A. 为高级管理人员提供汽车免费使用

　　B. 企业把自产电视机发放给职工

　　C. 企业租赁住房供职工使用

　　D. 给生产工人提供的绩效奖金

8. 下列各项中,应在"应付职工薪酬"账户贷方核算的有(　　　　)。

　　A. 无偿向职工提供的租赁住房每期应支付的租金

　　B. 企业对重组义务确认的不再使用的厂房的租赁撤销费

　　C. 因解除与职工的劳动关系而确认的应予补偿的金额

　　D. 作为非货币性福利发放给职工的自产产品的账面价值

9. 下列各项中,应作视同销售处理的有(　　　　)。

A. 自产的产品用于集体福利

B. 购买的货物用于建造生产线

C. 自产的产品用于建造厂房

D. 自产的产品用于个人消费

10. 甲企业为高级管理人员租赁公寓免费使用,应编制的会计分录有（   ）。

A. 借记"应付职工薪酬"账户,贷记"累计折旧"账户

B. 借记"管理费用"账户,贷记"累计折旧"账户

C. 借记"管理费用"账户,贷记"应付职工薪酬——非货币性福利"账户

D. 借记"应付职工薪酬——非货币性福利"账户,贷记"银行存款"账户

三、判断题

1. 因解除与职工的劳动关系给予的补偿,属于企业短期薪酬的核算范围。　　　　（　　　）

2. 长期残疾福利与职工提供服务的时间长短无关的,企业应当在导致职工长期残疾的事件发生的当期确认应付长期残疾福利的义务。　　　　（　　　）

3. 企业将自产产品作为福利发放给本单位职工,应根据产品的含税公允价值作为应付职工薪酬核算。　　　　（　　　）

4. 企业提前解除劳动合同给予职工解除劳动关系的补偿,应按照受益对象进行分摊,计入相关资产成本或当期损益。　　　　（　　　）

5. 企业为职工给予的其他长期职工福利包括长期带薪缺勤、长期残疾福利、长期利润分享计划等。　　　　（　　　）

6. 企业实施职工内退的,在职工停止提供服务日至正常退休日之间,企业拟支付职工的工资和为职工缴纳的社会保险费,应确认为应付职工薪酬,并一次性计入当期损益。　　　　（　　　）

7. 企业应付给因解除与职工的劳务关系给予的补偿不应通过"应付职工薪酬"账户核算。　　　　（　　　）

8. 企业将租赁的房屋无偿提供给职工使用的,每期应付的租金应作为应付职工薪酬计入相关资产成本或者当期损益。　　　　（　　　）

🏠 实训操作

1. 晟启公司为一家生产彩电的企业,2024 年 12 月发生与非货币性福利相关的经济业务如下:

（1）年底,公司把自己生产的 100 台彩电发放给管理人员,彩电成本价为 5 000 元,不含税售价为 10 000 元,增值税税率为 13%;另外把自制生产的应税消费品化妆品 100 套发给管理人员,成本价为 2 000 元,不含税售价为 3 000 元,增值税税率为 13%,消费税税率为 15%。

（2）公司外购一批电热水器发放给管理人员作为福利,热水器总价值为 60 万元,增值税税额为 7.8 万元。

（3）公司把自有的宿舍楼免费提供给管理人员使用,该宿舍楼原值为 1 000 万元,预计使用年限为 20 年,净残值率为 4%,按直线法计提折旧;另外,晟启公司短期租赁 6 套房

子给管理人员免费居住,年租金为 18 万元,按月缴纳。

要求:根据上述业务,编制晟启公司相关业务的会计分录。

2. 晟启公司为增值税一般纳税人,适用的增值税税率为 13%,该公司 2024 年 12 月月初"应付职工薪酬"账户贷方余额为 286 万元,当年 12 月发生的有关职工薪酬的业务资料如下:

(1)以银行存款支付上月应付职工薪酬,并按规定代扣代缴职工个人所得税 6 万元和个人负担的社会保险费 30 万元,实发工资 250 万元。

(2)分配本月货币性职工薪酬 300 万元(不包括累积带薪缺勤相关的职工薪酬),其中,生产工人 210 万元,车间管理人员 30 万元,企业行政管理人员 40 万元,专设销售机构人员 20 万元,该职工薪酬将于下月月初支付。

(3)外购 200 桶食用油作为本月生产车间工人的福利补贴发放。每桶食用油购买价为 113 元,其中含增值税 13 元,款项以银行存款支付。

(4)该公司实行累积带薪缺勤制度,期末由于预计 10 名部门经理人员和 15 名销售人员未使用带薪休假,预期支付的薪酬金额分别为 4 万元和 8 万元。

要求:根据上述资料,编制晟启公司相关业务的会计分录,并计算该公司 2024 年年末应付职工薪酬的期末余额。

3. 晟启公司为家电生产企业,适用的增值税税率为 13%。该公司共有职工 420 人,其中生产工人 300 人,车间管理人员 20 人,行政管理人员 30 人,销售人员 20 人,在建工程人员 50 人。2024 年 12 月份发生如下经济业务:

(1) 本月应付职工工资总额为 540 万元,其中生产工人工资 300 万元,车间管理人员工资 40 万元,行政管理人员工资 80 万元,销售人员工资 40 万元,在建工程人员工资 80 万元。

(2) 该公司按照工资总额的 12% 计提基本养老金,并向当地社会保险经办机构缴存。

(3) 以其自产的电暖器发放给每名职工,每台电暖器的成本为 1 600 元,每台市场售价为 2 000 元(不含增值税)。

(4) 为总部部门经理以上职工提供汽车免费使用,为副总裁以上高管每人租赁一套住房。现有总部部门经理以上职工 10 人,副总裁以上职工 3 人。假定汽车每月折旧共计 3 万元,住房每月租金共计 2 万元。

(5) 用银行存款支付副总裁以上职工住房租金 2 万元。

(6) 结算本月应付职工工资总额 540 万元,代扣职工水电费 10 万元,企业代垫职工家属医疗费 5 万元,代扣个人所得税 30 万元,余款用银行存款支付。

(7) 上交个人所得税 30 万元。

(8) 该公司从 2024 年 1 月 1 日起实行累积带薪缺勤制度。该制度规定,每个职工每年可享受 5 个工作日的带薪年休假,未使用的年休假只能向后结转一个日历年度,超过 1 年未使用的权利作废;职工休年假时,首先使用当年可享受的权利,不足部分再从上年结转的带薪年休假中扣除;职工离开公司时,对未使用的累积带薪年休假无权获得现金支付。2024 年 12 月 31 日,每个职工当年平均未使用带薪年休假为 2 天。晟启公司预计 2025 年有 410 名职工将享受不超过 5 天的带薪年休假,剩余 10 名职工每人将享受平均 6.5 天年休假,假定这 10 名职工全部为总部管理人员,该公司平均每名职工每个工作日工资为 1 200 元。

要求:根据上述资料,编制晟启公司上述业务的会计分录。

项目八　收入与费用核算

学习指导

一、收入的核算

表 8-1　收入的概念及科目设置

项　目	概　念	科目及核算内容
收入	企业在日常活动中形成的、会导致所有者权益增加的、与所有者投入资本无关的经济利益总流入	按照营业活动的重要性分别设置"主营业务收入"账户和"其他业务收入"账户。收入发生时记入该账户贷方，冲减收入时记入该账户借方，期末时将本期收入全部结转至"本年利润"账户贷方

表 8-2　收入的账务处理

业务内容	账　务　处　理	要　点
按时点履行的义务确认收入	借：应收账款等 　　贷：主营业务收入/其他业务收入 　　　　应交税费——应交增值税（销项税额） 借：主营业务成本/其他业务成本 　　贷：库存商品等	（1）按照"五步法"，在履约义务完成时，一次性确认收入； （2）同时结转成本
按时段履行的义务确认收入	借：合同履约成本 　　贷：银行存款等 借：应收账款等 　　贷：主营业务收入/其他业务收入 　　　　应交税费——应交增值税（销项税额） 借：主营业务成本/其他业务成本 　　贷：合同履约成本	（1）确认收入前发生的成本暂时计入合同履约成本，后期再转入主营业务成本/其他业务成本； （2）用"投入法"或者"产出法"计算履约进度； （3）根据履约进度分别计算本期可确认的收入及成本

微课：附带退货条款销售的核算

二、费用的核算

表 8-3　费用的概念及科目设置

项　目	概　念	科目及核算内容
营业成本	营业成本是和营业收入相关的,是已经确定了归属期和归属对象的各种费用;在不同的企业,由于其经营业务的不同,营业成本的表现形式也不相同;在制造业,营业成本表现为已销产品的成本;在商品流通企业,营业成本表现为商品销售成本,商品销售成本是进价成本	按照营业活动的重要性分别设置"主营业务成本"和"其他业务成本"账户。结转成本时,记入该账户贷方,冲减成本时记入该账户借方,期末时,将本期收入全部结转至"本年利润"账户借方
税金及附加	税金及附加是指企业销售商品、提供劳务等主营业务所负担的消费税、城市维护建设税、资源税、教育费附加、房产税、城镇土地使用税、车船税等相关税费;所谓附加,则指企业所负担的教育费附加	设置"税金及附加"账户,其借方核算企业发生的税金及附加金额,贷方核算期末结转"本年利润"的结转额,期末结转后,本账户应无余额
销售费用	销售费用是指企业销售商品和材料、提供劳务的过程中发生的各种费用,包括运输费、装载费、包装费、保险费、展览费和广告费等,以及为销售本企业商品而专设的销售机构(含销售网点、售后服务网点等)的职工薪酬、折旧费、业务费等经营费用。商品流通企业在购买商品过程中所发生的进货费用也包括在内	设置"销售费用"账户,该账户一般为多栏式,按费用项目分项记录。企业发生的各项销售费用借记该账户;月末,将"销售费用"账户借方归集的金额全部由本账户的贷方转入"本年利润"账户的借方,并计入当期损益;该账户期末没有余额
管理费用	管理费用是指企业为组织和管理企业生产经营活动所发生的费用,包括企业在筹建期间内发生的开办费、董事会和行政管理部门在企业的生产经营管理中发生的或者应当由企业统一负担的公司经费(包括行政管理部门的职工工资及福利费、物料消耗、低值易耗品摊销、办公费和差旅费等)、工会经费、董事会费(包括董事会成员津贴、会议费和差旅费等)、聘请中介机构费、咨询费(含顾问费)、诉讼费、业务招待费、技术转让费、矿产资源补偿费、研究费用、排污费等	设置"管理费用"账户,该账户一般为多栏式,按费用项目分项记录。企业发生的各项管理费用借记该账户,月末,将"管理费用"账户借方归集的金额全部由本账户的贷方转入"本年利润"账户的借方,并计入当期损益,该账户期末无余额
财务费用	财务费用是指企业为筹集生产经营所需资金等而发生的费用,包括应当作为期间费用的利息支出(减利息收入)、汇兑损失(减汇兑收益)以及相关的手续费、企业收到的现金折扣等	设置"财务费用"账户,该账户一般为多栏式,按费用项目分项记录。企业发生的各项财务费用借记该账户,企业发生应冲减财务费用的利息收入、汇兑损益时,贷记该账户。期末,将财务费用科目借方归集的金额全部由本账户的贷方转入"本年利润"账户的借方,计入当期损益,该账户期末没有余额

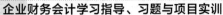
表8-4　费用的账务处理

业务内容	账　务　处　理	要　　点
营业成本	借：主营业务成本 　　贷：库存商品等 借：其他业务成本 　　贷：原材料等	应根据本月销售的各种产品,计算应结转的主营业务成本,当期的销货退回,可以直接从当月的销售数量中冲减,也可以单独计算本月销售退回的产品成本。 企业发生的其他业务成本,借记本账户,贷记"原材料""累计折旧""累计摊销"等有关账户
税金及附加	借：税金及附加 　　贷：应交税费——应交消费税 　　　　　　　　——应交城市维护建设税 　　　　　　　　——应交教育费附加 　　　　　　　　——应交土地使用税 　　　　　　　　——应交房产税 　　　　　　　　——应交资源税 　　　　　　　　——应交车船税	仅消费税、城市维护建设税、资源税、教育费附加、房产税、城镇土地使用税、车船税等相关税费通过本科目核算,其他税种(如增值税、印花税等)不通过本科目核算
销售费用	借：销售费用 　　贷：银行存款等	企业发生的各项销售费用借记该账户,贷记"银行存款""库存现金""应付职工薪酬"等账户
管理费用	借：管理费用 　　贷：银行存款等	企业发生的各项管理费用借记该账户,贷记"银行存款""库存现金""应付职工薪酬""原材料""无形资产""累计折旧""应交税费""坏账准备"等账户
财务费用	借：财务费用 　　贷：银行存款等	企业发生的各项财务费用借记该账户,贷记"银行存款""应付利息"等账户

🖉 技能测试

一、单项选择题

1. 下列各项中,符合收入会计要素定义,可以确认为收入的是(　　)。
   A. 出售无形资产收取的价款
   B. 转让长期股权投资取得的净收益
   C. 出售原材料收到的价款
   D. 处置固定资产取得的净收益

2. 晟启公司于2024年8月接受一项产品安装任务,安装期为6个月,合同总收入为30万元,年度预收款项4万元,余款在安装完成时收回,当年实际发生成本8万元,预计还将发生成本16万元。假定该安装劳务属于在某一时段内履行的履约义务,且根据累计发生的合同成本占合同预计总成本的比例确认履约进度。则晟启公司 2024 年度应确认收入( )万元。

    A. 8   B. 10   C. 24   D. 0

3. 2024 年 1 月 1 日,晟启公司与乙公司签订合同,为乙公司拥有所有权的一栋办公楼更换 10 部旧电梯,合计总价格为 1 000 万元。截至 2024 年 12 月 31 日,晟启公司共更换了 8 部电梯,剩余两部电梯预计在 2025 年 3 月 1 日之前完成更换。该合同仅包含一项履约义务,且该履约义务满足在某一时段内履行的条件。晟启公司按照已完成的工作量确定履约进度。假定不考虑增值税等其他因素,晟启公司 2024 年年末应确认的收入为( )万元。

    A. 0   B. 1 000   C. 800   D. 200

4. 晟启公司为增值税一般纳税人,适用的增值税税率为 13%。2024 年 11 月 1 日,晟启公司销售 A 产品一台,并负责安装调试,如果电梯不能正常运行,则晟启公司需要返修,然后再进行安装和检验,预计将发生成本 4 000 万元,合同约定总价款为 5 000 万元(销售价格与安装费用无法区分)。货物已发出,并开具增值税专用发票,但是安装调试工作需要在 2025 年 1 月 31 日完成。对于该项业务,晟启公司在 2024 年应确认的收入为( )万元。

    A. 5 000   B. 5 850   C. 4 000   D. 0

5. 对于某一时点履行的履约义务,收入确认时点为( )。

    A. 收到销售货款时   B. 发出商品时

    C. 客户取得相关商品控制权时   D. 发生纳税义务时

6. 当合同中包含两项或多项履约义务时,企业应当在合同开始日,将交易价格分摊至各单项履约义务。具体分摊时采用的方法是( )。

    A. 按直线法平均摊销

    B. 按各单项履约义务所承诺商品的成本的相对比例摊销

    C. 按各单项履约义务所承诺商品的净收益的相对比例摊销

    D. 按各单项履约义务所承诺商品的单独售价的相对比例摊销

7. 企业应当按照( )确定可变对价的最佳估计数。

    A. 固定价格   B. 公允价值

    C. 期望值或最可能发生金额   D. 历史价格

8. 2024 年 12 月 31 日,晟启公司与乙公司签订协议销售一批商品,增值税专用发票上注明价格为 675 万元,增值税税额为 87.75 万元。商品已发出,款项已收到。协议规定,该批商品销售价款的 25% 属于商品售出后 5 年内提供修理服务的服务费,则晟启公司 2024 年 12 月应确认的收入为( )万元。

    A. 675   B. 168.75   C. 135   D. 506.25

9. 企业为扩大生产经营而发生的业务招待费,应记入( )账户。

    A. "管理费用"   B. "财务费用"

    C. "销售费用"   D. "其他业务成本"

10. 企业为购买原材料所发生的银行承兑汇票手续费,应当计入( )。

    A. 管理费用   B. 财务费用   C. 销售费用   D. 其他业务成本

11. 下列各项中,应计入其他业务成本的是( )。

    A. 库存商品盘亏净损失

    B. 经营租赁租出固定资产的折旧

    C. 向灾区捐赠的商品成本

    D. 火灾导致的原材料毁损净损失

12. 下列各项中,应计入管理费用的是( )。

    A. 总部行政管理人员工资

    B. 预计产品质量保证损失

    C. 生产车间管理人员工资

    D. 专设销售机构人员工资

13. 计入产品成本的费用有( )。

    A. 销售费用   B. 管理费用   C. 制造费用   D. 财务费用

二、多项选择题

1. 以下属于其他业务收入的有( )。

    A. 销售库存商品的收入

    B. 转让生产用材料的收入

    C. 出租包装物的租金收入

    D. 取得的捐赠收入

2. 下列属于建造合同履约成本中的直接费用的有( )。

    A. 耗用的材料费用

    B. 耗用的人工费用

    C. 耗用的机械使用费

    D. 低值易耗品摊销费用

3. 下列各项中,属于与收入确认有关的步骤有( )。

    A. 识别与客户订立的合同

    B. 识别合同中的单项履约义务

    C. 将交易价格分摊至各单项履约义务

    D. 在履行各单项履约义务时确认收入

4. 下列各项中,不属于判断企业取得商品控制权的要素有( )。

    A. 能力

    B. 商品价值

    C. 市场环境

    D. 能够获得商品大部分的经济利益

5. 下列各项中,属于企业在履约过程中在建的商品有( )。

    A. 在产品

    B. 在建工程

    C. 尚未完成的研发项目

    D. 正在进行的服务

6. 晟启公司为增值税一般纳税人,适用的增值税税率为13%。2024 年 12 月 1 日,晟启公司以赊销方式向乙公司销售一批成本为 75 万元的商品。开出的增值税专用发票上注明的价款为 80 万元,满足销售商品收入确认条件。合同约定乙公司有权在三个月内退货。2024 年 12 月 31 日,晟启公司尚未收到上述款项。根据以往经验估计退货率为 12%。下列关于晟启公司 2024 年该项业务会计处理的表述中,正确的有( )。

    A. 确认预计负债 9.6 万元

    B. 确认营业收入 70.4 万元

    C. 确认应收账款 93.6 万元

    D. 确认营业成本 66 万元

7. 关于附有质量保证条款的销售中质量保证的会计处理,下列表述正确的有( )。

    A. 法定要求之外的质量保证,通常应作为单项履约义务

    B. 企业提供额外服务的,应当作为单项履约义务

    C. 企业销售商品提供的质量保证,均应与商品销售作为一项履约义务

    D. 企业提供的质量保证属于向客户保证所销售商品符合既定标准的服务的,应作为

或有事项进行会计处理

8. 下列各项费用,应通过"管理费用"账户核算的有( )。

A. 诉讼费 B. 研究费用

C. 业务招待费 D. 销售人员工资

9. 下列各项中,不应计入管理费用的有( )。

A. 总部办公楼折旧 B. 生产设备改良支出

C. 车间发生设备的日常修理支出 D. 专设销售机构房屋修理费

10. 下列各项中,不应确认为财务费用的有( )。

A. 企业发生的汇兑损失 B. 资本化的借款利息支出

C. 销售商品发生的商业折扣 D. 支付的银行承兑汇票手续费

11. 下列各项中,应计入财务费用的有( )。

A. 企业发行股票支付的手续费 B. 企业支付的银行承兑汇票手续费

C. 企业购买商品时取得的现金折扣 D. 企业销售商品时发生的商业折扣

12. 销售商品缴纳各项税费,记入"税金及附加"账户的有( )。

A. 消费税 B. 增值税

C. 印花税 D. 城市维护建设税

13. 下列各项中,应在发生时直接确认为期间费用的有( )。

A. 管理人员工资支出 B. 企业发生的广告费支出

C. 固定资产安装工人工资支出 D. 车间发生设备的日常修理支出

三、判断题

1. 采用预收款方式销售商品时,企业通常应在发出商品时确认收入,在此之前预收的货款应确认为合同负债。 ( )

2. 合同中存在重大融资成分的,企业应按将来要收取的全部价款确认收入。 ( )

3. 企业和客户签订的合同如果既有商品销售又有提供劳务服务,且商品销售和提供劳务服务高度关联,则两者应分别作为单项履约义务处理。 ( )

4. 包含在商品售价内可区分的服务费,在销售商品确认收入的同时确认服务费收入。 ( )

🏠 实训操作

1. 2024 年 3 月 1 日,晟启公司与客户签订合同,向其销售 A、B 两项商品。A 商品的单独售价为 7 000 元,B 商品的单独售价为 35 000 元,合同价款为 36 000 元。合同约定,A 商品于合同开始日交付,B 商品在一个月之后交付,只有当两项商品全部交付之后,晟启公司才有权收取 36 000 元的合同对价。假定 A 商品和 B 商品分别构成单项履约义务,其控制权在交付时转移给客户。上述价格均不包含增值税,增值税税率为 13%。

要求:编制晟启公司相关业务的会计分录。

2. 某企业 2024 年 11 月 18 日销售 A 商品一批,销售价格为 60 000 元(不含增值税),增值税税率为 13%,成本为 36 000 元。合同规定现金折扣条件为 2/10,1/20,n/30。买方于 11 月 27 日付款。假设计算现金折扣不考虑增值税。

要求: 编制该企业相关业务的会计分录。

3. 某电器商场为一般纳税人,适用的增值税税率为 13%。2024 年 10 月,该商场举行促销活动,规定每位顾客购物每满 100 元积 10 分,不足 100 元部分不积分,积分可在 1 年内兑换成与积分数相等金额的商品。某顾客购买了 7 910 元(含增值税)的笔记本电脑,该笔记本电脑的成本为 5 400 元。预计该顾客将在有效期内兑换全部积分,不考虑其他因素。

要求: 编制该企业相关业务的会计分录。

4. 2024 年 1 月 1 日,晟启公司采用分期收款方式向乙公司销售一套大型设备,合同约定的销售价格为 1 000 000 元,分 5 次于每年 12 月 31 日等额收取。该大型设备成本为 780 000 元。在现销方式下,该大型设备的销售价格为 800 000 元。假定晟启公司合同约定在收款日期开出增值税专用发票,同时收取增值税税额 130 000 元,不考虑其他因素。本案例中,晟启公司应确认销售商品收入 800 000 元;计算得出现值 800 000 元、年金 200 000 元、期数 5 年的折现率为 7.93%;每期计入财务费用的金额如表 8-5 所示。

表 8-5 财务费用和已收本金计算　　　　　　单位:元

日　　期	未收本金 $A = A - C$	财务费用 $B = A×7.93\%$	已收本金 $C = 200\,000 - B$	收现总额 D
2024 年 1 月 1 日	800 000			
2024 年 12 月 31 日	800 000	63 440	136 560	200 000
2025 年 12 月 31 日	663 440	52 611	147 389	200 000
2026 年 12 月 31 日	516 051	40 923	159 077	200 000
2027 年 12 月 31 日	356 974	28 308	171 692	200 000

日　期	未收本金 $A = A - C$	财务费用 $B = A×7.93\%$	已收本金 $C = 200\,000 - B$	收现总额 D
2028 年 12 月 31 日	185 282	14 718 *	185 282 *	200 000
		200 000	800 000	1 000 000
备注	＊尾数调整			

要求: 编制晟启公司上述业务的相关会计分录。

5. 晟启公司为增值税一般纳税人,增值税税率为 13%。有关业务如下: 2024 年 7 月 1 日,向乙公司销售产品 2 000 件,每件不含税价格为 600 元,每件成本为 500 元,增值税发票已开出。协议约定,购货方应于当日付款;本年 9 月 30 日前有权退货。晟启公司根据经验,估计退货率为 10%,销售当日已收到全部货款。假定于实际发生退货时支付货款,且可冲减增值税税额。

要求:

(1) 编制 2024 年 7 月 1 日销售商品的会计分录。

(2) 假定 2024 年 9 月 30 日退回 200 件,编制相应的会计分录。

(3) 假定 2024 年 9 月 30 日退回 100 件,编制相应的会计分录。

(4) 假定 2024 年 9 月 30 日退回 300 件,编制相应的会计分录。

项目九 利润及其分配核算

 学习指导

一、利润概述

利润是指企业在一定会计期间的经营成果。利润包括收入减去费用后的净额、直接计入当期利润的利得和损失等。

（一）营业利润

营业利润＝营业收入－营业成本－税金及附加－销售费用－管理费用－研发费用－财务费用－信用减值损失－资产减值损失＋公允价值变动收益（－公允价值变动损失）＋投资收益（－投资损失）＋资产处置收益－资产处置损失

（二）利润总额

利润总额＝营业利润＋营业外收入－营业外支出

（三）净利润

净利润＝利润总额－所得税费用

其中,所得税费用是指企业确认的应从当期利润总额中扣除的所得税费用。

二、利润核算

表 9－1 利润核算相关经济业务的账务处理

业务内容	账务处理	要点
月末结转各损益类账户余额（除所得税费用外）	（1）结转各项收入、利得账户余额（结转贷方余额） 借：主营业务收入 　　其他业务收入 　　投资收益 　　资产处置损益（收益） 　　营业外收入 　　贷：本年利润	（1）结转规则：余额在贷方,从借方结转；余额在借方,从贷方结转

业务内容	账　务　处　理	要　点
月末结转各损益类账户余额（除所得税费用外）	（2）结转各项费用、损失账户余额（结转借方余额） 借：本年利润 　　贷：主营业务成本、其他业务成本 　　　　税金及附加 　　　　销售费用 　　　　管理费用 　　　　财务费用 　　　　资产处置损益（损失） 　　　　信用减值损失 　　　　资产减值损失 　　　　营业外支出	（2）年终结转后"本年利润"账户余额是本年利润总额，称会计利润。期末余额在贷方为利润；在借方为亏损
结转所得税费用	借：本年利润 　　贷：所得税费用	结转后"本年利润"账户余额为本年净利润或净亏损。余额在贷方为净利润；在借方为净亏损

三、利润分配的核算

表 9－2　利润分配的核算

	业　务　内　容	账　务　处　理	要　点
	制定并批准利润分配方案	—	企业的利润分配方案由公司董事会遵照《公司法》规定的分配顺序和企业的实际情况确定，《公司法》规定的利润分配顺序如下： （1）弥补以前年度亏损； （2）提取法定盈余公积； （3）提取任意盈余公积； （4）向投资者分配利润
分配利润	弥补亏损	税前和税后弥补亏损均不需要单独做账，而在利润结转时自然弥补。 盈余公积补亏的会计处理： 借：盈余公积 　　贷：利润分配——盈余公积补亏	企业弥补亏损有3种渠道： （1）税前弥补； （2）税后弥补； （3）盈余公积补亏
	提取法定盈余公积	借：利润分配——提取法定盈余公积 　　贷：盈余公积——法定盈余公积	按当年净利润（扣除弥补的以前年度亏损）的5%—10%提取可供投资者分配的利润
	提取任意盈余公积	借：利润分配——提取任意盈余公积 　　贷：盈余公积——任意盈余公积	按当年净利润（扣除弥补的以前年度亏损）的一定比例提取

续　表

业务内容		账务处理	要点
分配利润	向投资者分配利润	（1）向投资者分配现金股利或利润： 借：利润分配——应付现金股利/利润 　　贷：应付股利/应付利润 （2）向投资者分配股票股利： 借：利润分配——转作股本/资本的股利 　　贷：股本/实收资本（面值金额） 　　　　资本公积——股本/资本溢价	可供投资者分配的利润＝期初未分配利润＋当期净利润＋盈余公积补亏－弥补的亏损－提取的盈余公积
结转分配的利润		借：利润分配——盈余公积补亏 　　贷：利润分配——提取法定盈余公积 　　　　　　——提取任意盈余公积 　　　　　　——应付现金股利/利润 　　　　　　——未分配利润（倒挤）	结转后除"利润分配——未分配利润"外，"利润分配"其余各明细账户均无余额。利润分配的余额即为留待以后分配的利润或未弥补的亏损

🖉 技能测试

一、单项选择题

1. 下列各项中，属于净利润分配去向的是（　　　）。

    A. 应付工资　　　　　B. 应付福利费　　　　C. 未分配利润　　　　D. 应交所得税

2. 下列各项中，属于未分配利润的是（　　　）。

    A. 没有指定用途的利润　　　　　　　　B. 没有指定用途的营业利润

    C. 没有指定用途的利润总额　　　　　　D. 没有指定用途的净利润

3. 能够引起企业所有者权益变动的是（　　　）。

    A. 将债务转为资本　　　　　　　　　　B. 提取盈余公积

    C. 以盈余公积转增资本　　　　　　　　D. 以资本公积转增资本

4. 下列有关利润分配的顺序中，正确的是（　　　）。

    A. 提取法定盈余公积、提取任意盈余公积、向投资者分配利润

    B. 向投资者分配利润、提取法定盈余公积、提取任意盈余公积

    C. 向投资者分配利润、提取任意盈余公积、提取法定盈余公积

    D. 提取法定盈余公积、向投资者分配利润、提取任意盈余公积

5. 某企业年初未分配利润为160 000元，实现净利润320 000元，该企业按10%提取法定盈余公积，按5%提取任意盈余公积，分配现金股利80 000元。则该企业年末未分配利润为（　　　）元。

    A. 320 000　　　　　　B. 43 200　　　　　　C. 352 000　　　　　　D. 480 000

6. 2024 年 1 月 1 日,某股份有限公司未分配利润为 100 万元,2024 年度实现净利润 400 万元,法定盈余公积的提取率为 10%。不考虑其他因素,下列关于盈余公积的账务处理中,正确的是(   )。

  A. 借:利润分配——提取法定盈余公积   4 000 000
     贷:盈余公积   4 000 000

  B. 借:本年利润——提取法定盈余公积   4 000 000
     贷:盈余公积   4 000 000

  C. 借:本年利润——提取法定盈余公积   5 000 000
     贷:盈余公积   5 000 000

  D. 借:利润分配——提取法定盈余公积   5 000 000
     贷:盈余公积   5 000 000

7. 某企业 2024 年年初盈余公积为 100 万元,当年实现净利润 200 万元,提取盈余公积 20 万元,用盈余公积转增资本 30 万元,用盈余公积向投资者分配现金股利 10 万元。2024 年年末该企业盈余公积为(   )万元。

  A. 70   B. 80   C. 90   D. 60

8. 某企业 2024 年 1 月 1 日实收资本为 1 500 万元,资本公积为 100 万元,盈余公积为 300 万元,未分配利润为 300 万元。2024 年度实现利润总额 800 万元,税率为 25%。不存在纳税调整,12 月 31 日的可供分配利润为(   )万元。

  A. 800   B. 900   C. 1 000   D. 1 100

9. 某企业 2024 年 10 月主营业务收入为 100 万元,主营业务成本为 80 万元,管理费用为 6 万元,资产减值损失为 3 万元,投资收益为 15 万元,营业外支出为 6 万元。则当月营业利润为(   )万元。

  A. 26   B. 20   C. 14   D. 11

10. 某企业年初所有者权益为 160 万元,本年度实现净利润 300 万元,以资本公积转增资本 50 万元,提取盈余公积 30 万元,分配现金股利 20 万元。假设不考虑其他因素,年末所有者权益为(   )万元。

  A. 360   B. 410   C. 440   D. 460

11. 某企业盈余公积年初余额为 50 万元,本年利润总额为 600 万元,所得税费用为 150 万元,按净利润的 10% 提取法定盈余公积,并将盈余公积 10 万元转增资本。该企业盈余公积年末余额为(   )万元。

  A. 40   B. 85   C. 95   D. 110

12. 某股份有限公司年初未分配利润为 75 万元,当年实现净利润 750 万元,分别按 10% 和 5% 计提法定盈余公积和任意盈余公积,当年宣告发放现金股利 60 万元。不考虑其他因素,该公司未分配利润年末余额为(   )万元。

  A. 577.5   B. 641.25   C. 652.5   D. 712.5

13. 下列各项中,不会导致工业企业当期营业利润减少的是(   )。

  A. 出售固定资产发生的净损失

  B. 计提行政管理部门固定资产折旧

  C. 报废固定资产发生净损失

D. 出售交易性金融资产发生净损失

14. 2024 年 1 月 5 日,某公司转让一项专利技术的使用权,协议约定转让期为 3 年,每年年末收取不含税使用费 10 万元,开具的增值税专用发票上注明的价款为 10 万元,增值税税额为 0.6 万元。该项专利成本为 60 万元,受益年限为 10 年,采用年限平均法进行摊销。不考虑其他因素,2024 年转让专利技术使用权对该公司当年营业利润的影响金额为( )万元。

    A. 12   B. 6   C. 10   D. 4

15. 企业因债权人撤销而转销无法支付的应付账款,应计入( )。

    A. 资本公积   B. 其他应付款

    C. 营业外收入   D. 其他业务收入

16. 下列各项业务中,应该通过"营业外收入"账户核算的是( )。

    A. 存货盘盈   B. 出售原材料收入

    C. 无法查明原因的现金溢余   D. 固定资产盘盈

17. 下列各项中,属于营业外支出核算内容的是( )。

    A. 无法查明原因的现金短缺   B. 报废固定资产的净损失

    C. 因计量误差造成的存货盘亏   D. 出售固定资产的净损失

二、多项选择题

1. 下列各项中,会引起年末未分配利润数额变化的有( )。

    A. 企业减资   B. 用资本公积转增资本

    C. 本年利润转入   D. 提取盈余公积

2. 下列各项中,属于一般企业和股份有限公司盈余公积用途的有( )。

    A. 弥补亏损   B. 归还投资者   C. 转增股本   D. 转增资本

3. 下列各项中,不影响所有者权益总额发生增减变动的有( )。

    A. 提取盈余公积   B. 用盈余公积转增资本

    C. 提取应付股东的现金股利   D. 注销本公司股票

4. 在企业持续盈利时,应按净利润的一定比例提取的有( )。

    A. 法定盈余公积   B. 任意盈余公积   C. 应付股利   D. 资本公积金

5. 下列各项中,属于净利润中留在企业的部分有( )。

    A. 资本公积   B. 盈余公积   C. 未分配利润   D. 弥补亏损

6. 下列各项中,影响当期利润表中利润总额的有( )。

    A. 固定资产盘盈   B. 确认所得税费用

    C. 对外捐赠固定资产   D. 无形资产出售利得

7. 下列各项中,应计入营业外收入的有( )。

    A. 期末原材料盘盈   B. 无法查明原因的现金溢余

    C. 转让长期股权投资取得的净收益   D. 报废固定资产取得的净收益

8. 下列各项中,应计入营业外支出的有( )。

    A. 无形资产处置损失   B. 存货自然灾害损失

    C. 固定资产报废损失   D. 长期股权投资处置损失

9. 下列各项中,不会引起留存收益变动的有( )。
   A. 盈余公积补亏
   B. 计提法定盈余公积
   C. 盈余公积转增资本
   D. 计提任意盈余公积
10. 下列各项中,影响企业营业利润的有( )。
   A. 出售原材料的成本
   B. 计提无形资产减值准备
   C. 公益性捐赠支出
   D. 转让交易性金融资产损失

三、判断题

1. "利润分配——未分配利润"账户的年末贷方余额,反映企业累积未分配利润的数额。
   ( )
2. 用盈余公积转增资本不影响所有者权益总额的变化,但会使企业净资产减少。
   ( )
3. 企业可以使用盈余公积来发放工资。 ( )
4. 年终,除"未分配利润"外,"利润分配"其他明细账户无余额。 ( )
5. 管理费用、财务费用、销售费用和制造费用的期末余额应转入"本年利润"账户。
   ( )
6. 结转本年利润采用表结法时,每月月末均需编制转账凭证,各损益类账户月末无余额。
   ( )
7. 发生的广告费支出记入"营业外支出"账户。 ( )
8. 期末进行财产清查发现的无法查明原因的现金短缺计入营业外支出。 ( )
9. 管理费用、信用减值损失、税金及附加、营业外收入都会影响企业的营业利润。
   ( )
10. 企业年末资产负债表中未分配利润的金额一定等于"本年利润"账户的年末余额。
   ( )
11. 会计年度终了,无论是表结法还是账结法,企业都应将各损益类科目的余额结转至"本年利润"账户。
   ( )
12. 企业年末将损益类科目结转后,"本年利润"账户的借方余额表示实现的净利润,贷方余额表示发生的净亏损。
   ( )

实训操作

1. 晟启公司 2024 年 12 月份损益类账户的余额如表 9-3 所示。(单位:万元)

表 9-3 损益类账户余额

账户名称	借方余额	贷方余额
主营业务收入		1 150
主营业务成本	500	

续 表

账 户 名 称	借方余额	贷方余额
税金及附加	20	
投资收益		40
销售费用	40	
管理费用	150	
财务费用	20	
公允价值变动损益		10
资产减值损失	80	
营业外收入		30
营业外支出	10	

要求：

（1）计算晟启公司 2024 年 12 月的营业利润、利润总额。

（2）结转晟启公司相关损益账户。

2. 晟启公司 2024 年实现净利润 4 800 000 元,公司董事会 2025 年 3 月 31 日提出公司利润分配方案,拟对 2024 年实现的利润进行分配。分配方案：提取法定盈余公积 480 000 元,提取任意盈余公积 240 000 元；分配股利 3 000 000 元,其中股票股利 2 000 000 元,现金股利 1 000 000 元。2025 年 4 月,该分配方案经公司股东大会批准后实行。

要求：编制该公司有关会计分录。

项目十 财务报告编制

学习指导

一、资产负债表的编制

（一）概述

资产负债表是反映企业在某一特定日期财务状况的报表。资产负债表是根据"资产=负债+所有者权益"这一平衡公式,依照一定的分类标准和一定的次序,将某一特定日期的资产、负债、所有者权益的具体项目予以适当地排列编制而成的。

（二）资产负债表的结构

我国企业的资产负债表采用账户式结构,分为左右两方,左方为资产项目,按资产的流动性大小排列,流动性大的资产如"货币资金"等排在前面,流动性小的资产如"长期股权投资"等排在后面。右方为负债及所有者权益项目,一般按清偿时间的先后顺序排列。

（三）资产负债表项目的填列方法

表 10-1 资产负债表项目的填列方法

填 列 方 法		项 目 举 例
根据总账账户余额填列	根据有关总账账户的期末余额直接填列	如"短期借款""实收资本（股本）""资本公积""盈余公积""其他综合收益"等项目
	根据几个总账账户的期末余额计算填列	如"货币资金""其他应付款"等项目
根据明细账账户余额计算填列		如"开发支出""应付账款""预收款项""交易性金融资产""一年内到期的非流动资产""一年内到期的非流动负债""未分配利润"等项目
根据总账账户和明细账账户余额分析计算填列		如"长期借款""应付债券""其他非流动资产""其他非流动负债"等项目

续　表

填　列　方　法	项目举例
根据有关账户余额减去其备抵科目余额后的净额填列	如"固定资产""在建工程""无形资产""投资性房地产""长期股权投资"等项目
综合运用上述填列方法分析填列	如"存货"等项目

二、利润表的编制

（一）概述

利润表是反映企业在一定会计期间经营成果的报表。

（二）利润表的结构

我国企业的利润表采用多步式。

（三）利润表项目的填列方法

第一步,计算营业利润。计算公式如下:

营业利润＝营业收入−营业成本−税金及附加−销售费用−管理费用−研发费用−财务费用＋其他收益＋投资收益（或减去投资损失）＋公允价值变动收益（或减去公允价值变动损失）−信用减值损失−资产减值损失＋资产处置收益（或减去资产处置损失）

第二步,计算利润总额。计算公式如下:

利润总额＝营业利润＋营业外收入−营业外支出

第三步,计算净利润。计算公式如下:

净利润（或净亏损）＝利润总额−所得税费用

第四步,以净利润（或净亏损）为基础,计算出每股收益。

第五步,以净利润（或净亏损）和其他综合收益为基础,计算出综合收益总额。

利润表各项目均需填列"本期金额"和"上期金额"两栏。其中"上期金额"栏内各项数字,应根据上年该期利润表的"本期金额"栏内所列数字填列。"本期金额"栏内各期数字,除"基本每股收益"和"稀释每股收益"项目外,应当按照相关科目的发生额分析填列。如"营业收入"项目,根据"主营业务收入""其他业务收入"账户的发生额分析填列;"营业成本"项目,根据"主营业务成本""其他业务成本"账户的发生额分析计算填列。

三、现金流量表的编制

（一）概述

现金流量表是反映企业在一定会计期间现金和现金等价物流入、流出的报表。

（二）现金流量表的内容和结构

1. 现金的范围

现金流量表中所指的现金,包括现金及现金等价物。

2. 现金流量表的内容

现金流量表根据"现金流入－现金流出＝现金净流量"这一关系式反映企业经营活动、投资活动、筹资活动的现金变动情况。

（1）经营活动产生的现金流量。经营活动所涉及的现金流入主要有：销售商品、提供劳务收到的现金；收到的税费返还；收到其他与经营活动有关的现金。经营活动所涉及的现金流出主要包括：购买商品、接受劳务支付的现金；支付给职工以及为职工支付的现金；支付的各项税费；支付其他与经营活动有关的现金。

（2）投资活动产生的现金流量。投资活动，是指企业长期资产的购建和不包括在现金等价物范围内的投资及处置活动。投资活动所涉及的现金流入主要包括：收回投资收到的现金；取得投资收益收到的现金；处置固定资产、无形资产和其他长期资产收回的现金净额；处置子公司及其他营业单位收到的现金净额；收到其他与投资活动有关的现金。投资活动所涉及的现金流出主要有：购建固定资产、无形资产和其他长期资产支付的现金；投资支付的现金；取得子公司及其他营业单位支付的现金净额；支付其他与投资活动有关的现金。

（3）筹资活动产生的现金流量。筹资活动，是指导致企业资本及债务规模和构成发生变化的活动。筹资活动所涉及的现金流入主要包括：吸收投资收到的现金；取得借款收到的现金；收到其他与筹资活动有关的现金。筹资活动所涉及的现金流出主要有：偿还债务支付的现金；分配股利、利润或偿付利息支付的现金；支付其他与筹资活动有关的现金。

四、所有者权益变动表的编制

（一）概述

所有者权益变动表是指反映构成所有者权益各组成部分当期增减变动情况的报表。通过所有者权益变动表，既可以为财务报表使用者提供所有者权益总量增减变动的信息，又能为其提供所有者权益增减变动的结构性信息，特别是能够让财务报表使用者理解所有者权益增减变动的根源。

（二）所有者权益变动表的结构

在所有者权益变动表上，企业至少应当单独列示的项目包括：

（1）综合收益总额。

（2）会计政策变更和差错更正的累积影响金额。

（3）所有者投入资本和向所有者分配利润等。

（4）提取的盈余公积。

（5）实收资本、其他权益工具、资本公积、盈余公积、未分配利润的期初余额和期末余额及其调节情况。

五、财务报表附注的编制

（一）概述

财务报表附注是对资产负债表、利润表、现金流量表和所有者权益变动表等报表中列示项目的文字描述或明细资料，以及对未能在这些报表中列示项目的说明等。

（二）财务报表附注的主要内容

企业应当按照如下顺序披露附注的内容：

（1）企业的基本情况。

（2）财务报表的编制基础。

（3）遵循企业会计准则的声明。

（4）重要会计政策和会计估计。

（5）会计政策和会计估计变更以及差错更正的说明。

（6）报表重要项目的说明。

（7）或有和承诺事项、资产负债表日后非调整事项、关联方关系及其交易等需要说明的事项。

（8）有助于财务报表使用者评价企业管理资本的目标、政策及程序的信息。

✎ 技能测试

一、单项选择题

1. "应付账款"总账贷方账户余额为 30 000 元,其明细账贷方余额合计 35 000 元,借方明细账余额合计 5 000 元;"预付账款"总账借方账户余额为 6 000 元,其明细账借方余额合计 12 000 元,贷方明细账余额合计 6 000 元。资产负债表中"应付账款"项目填列金额为（　　）元。

   A. 41 000　　　　　B. 35 000　　　　　C. 30 000　　　　　D. 6 000

2. "应付账款"总账贷方账户余额为 60 000 元,其明细账贷方余额合计 80 000 元,借方明细账余额合计 20 000 元;"预付账款"总账借方账户余额为 30 000 元,其明细账借方余额合计 90 000 元,贷方明细账余额合计 60 000 元。资产负债表中"预付账款"项目填列金额为（　　）元。

   A. 60 000　　　　　B. 80 000　　　　　C. 90 000　　　　　D. 110 000

3. 2024 年 3 月末,该企业"原材料"账户借方余额为 18 000 元,"材料成本差异"账户借方余额为 1 200 元,"生产成本"账户借方余额为 15 000 元,"库存商品"账户借方余额为 64 000 元,"存货跌价准备"账户贷方余额为 4 000 元。3 月 31 日资产负债表"存货"项目填列金额为（　　）元。

   A. 87 200　　　　　B. 93 000　　　　　C. 94 200　　　　　D. 97 000

4. 在资产负债表中,根据总账账户余额直接填列的项目是（　　）。

   A. 短期借款　　　　　　　　　　B. 货币资金

   C. 应收账款　　　　　　　　　　D. 预付账款

5. 在资产负债表中,根据有关科目余额减去其备抵项目后的净额填列的项目是（　　）。

   A. 货币资金　　　　　　　　　　B. 交易性金融资产

   C. 长期股权投资　　　　　　　　D. 应收账款

6. 某企业 2022 年 4 月 1 日从银行借入期限为 3 年的长期借款 400 万元,编制 2024 年 12 月 31 日资产负债表时,此项借款应填入的报表项目是（　　）。

   A. 短期借款　　　　　　　　　　B. 长期借款

   C. 其他流动负债　　　　　　　　D. 一年内到期的非流动负债

7. 某企业 2024 年营业利润为 120 万元,投资收益为 10 万元,营业外收入为 20 万元,营业外支出为 10 万元,则该企业 2024 年利润总额为( )万元。

    A. 130   B. 160   C. 140   D. 120

8. 某企业 2024 年营业收入为 600 万元,营业成本为 480 万元,管理费用为 20 万元,财务费用为 15 万元,税金及附加为 5 万元,资产减值损失为 8 万元,投资收益为 20 万元,营业外收入为 10 万元,营业外支出为 5 万元,则营业利润为( )万元。

    A. 120   B. 100   C. 92   D. 80

9. 某企业 2024 年度发生以下业务:以银行存款购买将于 2 个月后到期的国债 400 万元,偿还应付账款 150 万元,支付生产人员工资 120 万元,购买固定资产 200 万元。假定不考虑其他因素,该企业 2024 年度现金流量表中"购买商品、接受劳务支付的现金"项目的金额为( )万元。

    A. 200   B. 150   C. 270   D. 400

10. 下列事项中,会引起现金流量净额变动的是( )。

    A. 将现金存入银行   B. 用银行存款购买 1 个月到期的债券

    C. 用固定资产抵偿债务   D. 用银行存款清偿 30 万元的债务

11. 某企业本期发生管理费用共计 540 万元,支付现金情况如下:业务招待费用 20 万元,财产保险费用 50 万元,差旅办公费 70 万元,折旧费用 260 万元,管理人员工资 100 万元,企业养老、失业等社会保险基金 30 万元,印花税、车船税等 10 万元。则该企业应记"经营活动的现金流量——支付的其他与经营活动有关的现金"项目( )万元。

    A. 200   B. 140   C. 170   D. 190

12. 支付的在建工程人员工资属于( )产生的现金流量。

    A. 筹资活动   B. 经营活动

    C. 汇率变动   D. 投资活动

13. 固定资产账面原值为 600 万元,累计折旧为 200 万元,用存款支付清理费 1 万元,出售收到价款 366 万元。则处置固定资产、无形资产和其他长期资产收回的现金净额为( )万元。

    A. 300   B. 400   C. 365   D. 375

二、多项选择题

1. 财务报表按编报主体不同分为( )。

    A. 中期财务报表   B. 年度财务报表

    C. 个别财务报表   D. 合并财务报表

2. 下列各项中,应包括在资产负债表"存货"项目的有( )。

    A. 委托代销商品成本   B. 委托加工材料成本

    C. 正在加工中的在产品成本   D. 发出商品

3. 资产负债表中的"应付账款"项目应根据( )填列。

    A. "应付账款"所属明细账贷方余额合计

    B. "预付账款"所属明细账贷方余额合计

    C. "应付账款"总账余额

    D. "应付账款"所属明细账借方余额合计

4. 资产负债表中的"应收账款"项目应根据(　　　　)填列。

　　A. "应收账款"所属明细账借方余额合计

　　B. "预收账款"所属明细账借方余额合计

　　C. 按应收账款余额百分比法计提的坏账准备账户的贷方余额

　　D. "应收账款"总账账户借方余额

5. 多步骤式利润表的内容包括(　　　　)。

　　A. 营业收入　　　　　　　　　　B. 营业利润

　　C. 净利润　　　　　　　　　　　D. 利润总额

6. 下列各项中,属于筹资活动现金流量的有(　　　　)。

　　A. 分配股利支付的现金　　　　　B. 清偿应付账款支付的现金

　　C. 偿还债券利息支付的现金　　　D. 清偿长期借款支付的现金

7. 下列各项中,应作为现金流量表中经营活动产生的现金流量有(　　　　)。

　　A. 销售商品收到的现金

　　B. 取得短期借款收到的现金

　　C. 采购原材料支付的增值税

　　D. 取得长期股权投资支付的手续费

8. 下列各项中,属于企业现金流量表中筹资活动产生的现金流量有(　　　　)。

　　A. 偿还应付账款　　　　　　　　B. 偿还短期借款

　　C. 发放现金股利　　　　　　　　D. 支付借款利息

三、判断题

1. 资产负债表和现金流量表属于静态会计报表,利润表属于动态会计报表。　　(　　)

2. 资产负债表中的"固定资产"项目应包括融资租入固定资产的原价。　　　(　　)

3. "利润分配"总账的年末余额一定与年度资产负债表中相应的"未分配利润"项目余额一致。　　(　　)

4. 资产负债表中应付账款、预付账款、应收账款、预收账款项目应直接根据该账户的总账余额填列。　　(　　)

5. 长期借款中一年内到期的部分,应在编制资产负债表时填列在"流动负债"有关项目内,同时从"长期借款"账户转入"短期借款"账户。　　(　　)

6. 财务报表附注是对在资产负债表、利润表、现金流量表和所有者权益变动表等报表中列示项目的文字描述或明细资料,以及对未能在这些报表中列示项目的说明等。

(　　)

7. 现金流量表除了反映企业与现金有关的经营活动、投资活动和筹资活动外,还反映不涉及现金的投资和筹资活动。　　(　　)

8. 在现金流量表中,如果本期有购货退回,其实际收到的现金应当在"销售商品收到的现金"中反映。　　(　　)

🏠 实训操作

1. 晟启公司 2024 年 12 月 31 日科目余额表如表 10-2 所示。

表 10－2　科目余额表　　　　　　　　　　　　　单位：元

科 目 名 称	借 方 余 额	贷 方 余 额
库存现金	10 000	
银行存款	57 000	
应收票据	60 000	
应收账款	80 000	
预付账款		30 000
坏账准备		5 000
原材料	70 000	
低值易耗品	10 000	
发出商品	90 000	
材料成本差异		55 000
库存商品	100 000	
固定资产	800 000	
累计折旧		300 000
在建工程	40 000	
无形资产	150 000	
短期借款		8 000
应付账款		70 000
预收账款		10 000
应付职工薪酬	4 000	
应交税费		13 000
长期借款		80 000
实收资本		500 000
盈余公积		200 000
未分配利润		200 000

（1）债权债务明细账户余额。

① 应收账款明细资料如下：应收账款——A 公司：借方余额 100 000 元；应收账

款——B 公司：贷方余额 20 000 元。

② 预付账款明细资料如下：预付账款——C 公司：借方余额 20 000 元；预付账款——D 公司：贷方余额 50 000 元。

③ 应付账款明细资料如下：应付账款——E 公司：贷方余额 100 000 元；应付账款——F 公司：借方余额 30 000 元。

④ 预收账款明细资料如下：预收账款——G 公司：贷方余额 40 000 元；预收账款——晟启公司：借方余额 30 000 元。

（2）长期借款共有 2 笔,均为到期一次性还本付息。金额及期限如下：① 从工商银行借入 30 000 元(本息合计),期限从 2023 年 6 月 1 日至 2025 年 6 月 1 日。② 从建设银行借入 50 000 元(本息合计),期限从 2024 年 8 月 1 日至 2026 年 8 月 1 日。

要求： 编制晟启公司 2024 年 12 月 31 日的资产负债表。

2. 晟启公司 2024 年损益类账户的本期实际发生额如表 10 - 3 所示。

表 10 - 3　损益类账户实际发生额　　　　　　　　　　单位：元

账 户 名 称	借方发生额	贷方发生额	账 户 名 称	借方发生额	贷方发生额
主营业务收入	268 000	7 827 000	管理费用	246 000	
主营业务成本	4 760 000		财务费用	185 600	
销售费用	565 000		投资收益		60 000
税金及附加	604 720		营业外收入		140 000
其他业务收入		384 700	营业外支出	781 750	
其他业务成本	156 000		所得税费用	278 728	

要求： 编制晟启公司 2024 年度的利润表。

3. 晟启公司 2024 年的资产负债表和利润表如表 10－4、表 10－5 所示。

表 10－4　资产负债表

编制单位：晟启公司　　　　　　　　　2024 年 12 月 31 日　　　　　　　　　单位：元

资　　产	期末余额	上年年末余额	负债和所有者权益（或股东权益）	期末余额	上年年末余额
货币资金	89 500	80 500	应付票据		120 000
交易性金融资产	28 000	20 000	应付账款	93 000	49 500
应收账款	39 000	54 000	短期借款	50 000	
存货	165 000	80 000	流动负债合计	143 000	169 500
流动资产合计	321 500	234 500	应付债券	225 000	80 000
长期待摊费用	15 000	0	长期负债合计	225 000	80 000
固定资产原价	507 000	250 000	负债合计	368 000	249 500
减：累计折旧	31 500	15 000	股本	240 000	190 000
固定资产净值	475 500	235 000	未分配利润	204 000	30 000
固定资产合计	475 500	235 000	股东权益合计	444 000	220 000
资产总计	812 000	469 500	负债和所有者权益（或股东权益）总计	812 000	469 500

表 10－5　利润表

编制单位：晟启公司　　　　　　　　　2024 年　　　　　　　　　单位：元

项　　目	本年金额	上年金额
一、营业收入	738 000	
减：营业成本	360 000	
税金及附加		
销售费用		
管理费用	61 000	
财务费用	10 000	
加：公允价值变动收益（损失以"－"号填列）		
投资收益（损失以"－"号填列）	3 000	
其中：对联营企业和合营企业的投资收益		

续　表

项　　目	本年金额	上年金额
资产减值损失(损失以"−"号填列)		
二、营业利润(亏损以"−"号填列)	310 000	
加：营业外收入	3 000	
减：营业外支出	10 000	
其中：非流动资产处置损失		
三、利润总额(亏损总额以"−"号填列)	303 000	
减：所得税费用	102 000	
四、净利润(净亏损以"−"号填列)	201 000	
五、每股收益		
(一)基本每股收益		
(二)稀释每股收益		

其他有关资料如下：① 本年度支付了 27 000 元现金股利。② 在主营业务成本 360 000 元中,包括工资费用 165 000 元;在管理费用 61 000 元中,包括折旧费用 21 500 元、其他费用 39 500 元。③ 本年度出售固定资产一台,原价为 60 000 元,已提折旧为 5 000 元,处置价格为 58 000 元,已收到现金。④ 本年度购入固定资产,价款为 317 000 元,以银行存款支付。⑤ 本年度购入股票作为交易性金融资产,支付价款 23 000 元。⑥ 本年度出售交易性金融资产收到现金 18 000 元,其购入成本为 15 000 元。⑦ 本年度偿付应付公司债券 70 000 元;新发行债券 215 000 元,已收到现金。⑧ 本年度发生火灾造成存货损失 10 000 元,已计入营业外支出。⑨ 本年度支付以经营租赁方式租入的固定资产改良支出 15 000 元。⑩ 本年度发行新股 50 000 元,已收到现金;财务费用 10 000 元为支付的债券利息;期末存货均为外购原材料;本年度从银行取得短期借款 50 000 元。

要求：编制晟启公司 2024 年度的现金流量表。

4. 晟启公司 2024 年有关财务报表和补充资料如表 10－6、表 10－7 所示。

表 10－6　资产负债表部分资料　　　　　　　单位：万元

项　　目	期　末　余　额	上年年末余额
应收票据	480	450
应收账款	320	360
预收账款	200	100
存货	7 800	9 800
应付票据	850	750
应付账款	470	670

表 10－7　利润表部分资料　　　　　　　单位：万元

项　　目	本　年　金　额
营业收入	50 000
营业成本	27 000

补充资料：本期增值税销项税额为 8 500 万元，进项税额为 500 万元。

要求：计算下列项目的金额。

（1）销售商品、提供劳务收到的现金＝

（2）购买商品、接受劳务支付的现金＝

主要参考文献

1. 中国注册会计师协会. 会计［M］. 北京：中国财政经济出版社,2024.

2. 全国会计专业技术资格考试岗课赛证融通教材编委会. 初级会计实务［M］. 5 版. 北京：高等教育出版社,2024.

3. 谭玉林,梅建安. 企业财务会计［M］. 北京：高等教育出版社. 2023.

4. 正保会计网校. 初级会计实务应试指南［M］. 上海：上海交通大学出版社. 2023.

5. 正保会计网校. 中级会计实务应试指南［M］. 上海：上海交通大学出版社. 2023.

 高等教育出版社

感谢您使用本书。为方便教学，我社为教师提供资源下载、样书申请等服务，如贵校已选用本书，您只要关注微信公众号"高职财经教学研究"，或加入下列教师交流QQ群即可免费获得相关服务。

高职财经教学研究
高等教育出版社 (上海) 教材服务有限...
上海

高等教育出版社旗下产品，提供高职财经专业课程教学交流、配套数字资源及样书申请等服务。›

资源下载：点击"**教学服务**"—"**资源下载**"，注册登录后可搜索相应的资源并下载。（建议用电脑浏览器操作）

样书申请：点击"**教学服务**"—"**样书申请**"，填写相关信息即可申请样书。

样章下载：点击"**教学服务**"—"**教材样章**"，即可下载在供教材的前言、目录和样章。

题库申请：点击"**题库申请**"，填写相关信息即可申请题库或下载试卷。

师资培训：点击"**师资培训**"，获取最新会议信息、直播回放和往期师资培训视频。

联系方式

会计QQ3群 :473802328　　　会计QQ2群 :370279388　　　会计QQ1群 :554729666
会计QQ4群 :291244392

（以上4个会计 Q群，加入任何一个即可获取教学服务，请勿重复加入）
联系电话: (021)56961310　　　电子邮箱:3076198581@qq.com

在线试题库及组卷系统

我们研发有十余门课程试题库："基础会计""财务会计""成本计算与管理""财务管理""管理会计""税务会计""税法""税收筹划""审计基础与实务""财务报表分析""EXCEL在财务中的应用""大数据基础与实务""会计信息系统应用""政府会计""内部控制与风险管理"等，平均每个题库近3000题，知识点全覆盖，题型丰富，可自动组卷与批改。如贵校选用了高教社沪版相关课程教材，我们可免费提供给教师每个题库生成的各6套试卷及答案（Word格式难中易三档，索取方式见上述"题库申请"），教师也可与我们联系咨询更多试题库详情。